任继愈谈魏晋玄学

任继愈 ◎ 著

石油工业出版社

图书在版编目（CIP）数据

任继愈谈魏晋玄学 / 任继愈著. — 北京：石油工业出版社，2018.3
　ISBN 978-7-5183-2368-5

　Ⅰ．①任… Ⅱ．①任… Ⅲ．①玄学—研究—中国—魏晋南北朝时代 Ⅳ．①B235.05
　中国版本图书馆CIP数据核字（2017）第311247号

任继愈谈魏晋玄学
任继愈 / 著

出版发行：石油工业出版社
　　　　　（北京安定门外安华里2区1号楼　100011）
网　　址：www.petropub.com
编 辑 部：（010）64523783
图书营销中心：（010）64523633
经　　销：全国新华书店
印　　刷：北京晨旭印刷厂
2018年3月第1版　2018年3月第1次印刷
880×1230 毫米　开本：1/32　印张：6.75
字　　数：145 千字
定　　价：36.00 元
（如出现印装质量问题，我社图书营销中心负责调换）

版权所有，翻印必究

目录

辑一

魏晋玄学研究如何深入 /3

论魏晋南北朝社会思潮的交融 /7

魏晋玄学中的社会政治思想和它的政治背景 /35

王弼"贵无"的唯心主义本体论 /105

王弼论"名教"出于"自然" /137

魏晋清谈的实质和影响 /145

辑二

嵇康的唯物主义思想和阮籍对名教与自然的折中主义 /159

郭象"玄冥""独化"的神秘主义世界观 /181

辑一

魏晋玄学研究如何深入[*]

[*] 原载《文史哲》1985年第3期"魏晋玄学笔谈"。

多年来，学术界对魏晋哲学的研究，似不及对先秦的兴趣大，成果也比先秦的少些。这有两个原因，一是这方面的问题难度大，首先文字关就不好通过。对有些青年人来说就更是如此。魏晋文体不同于先秦两汉，也与隋、唐、宋、明的文体迥异。二是历史学界对这一阶段的社会经济状况研究的成果也少。历来历史学界对盛世注意得多，对乱世注意得少。魏晋时代治少而乱多。这种情况，使哲学界在做思想分析时缺乏必要的根据。

魏晋时期与秦汉不同，最明显的一点是它有了系统的宗教哲学思想，佛教、道教都在这时建立起自己的营垒，在社会上发生了各自的影响。儒教的垄断地位被打破，它的宗教哲学已吃不开了。形势逼得它改弦更张，另谋出路，以维护它的存在。玄学、佛教、道教互争地盘，思想活跃，思路清晰，不似汉代思想的滞重。但是儒家并没有退出历史舞台，儒学也并未让位于玄学，儒家的纲常名教思想仍然是魏晋社会的神经中枢。

哲学和宗教与其他上层建筑不同的地方，就在于它们远离其经济基础，而归根结底仍为它那个基础服务。过去的哲学史工作者离开了各个时期的经济基础，悬空地讲概念及思想体系，其流弊容易陷于游谈无根。历史唯物主义今天已被广大学术界所接受，又有人力图从哲学家的每一个概念或命题中挖出它的阶级内容，这也不妥当。一定要指出"我思故我在"如何为法国资产阶级服务的？"存在是被感知"又是如何为英国资产阶级服务的？这并不是历史唯物主义的方法。魏晋玄学的许多命题表现为玄远、虚阔，把它看作与当时的阶级内容无关固然不对，如果把每一个命题都注入阶级内容也不妥。正如某些文学史研究者解释李义山的"无题"诗时,把每一首都看作诗人在牛李党争中的矛盾和苦闷的反映一样,都行不通。

　　研究魏晋玄学,应当着力去发掘。而我们尚做得不够的地方,就是三教关系。过去的著作有的已注意到它们的关系,但今天来看,值得更进一步把三教关系作为一个打开新局面的钥匙,作为一个重大课题来对待。还有一个环节也很重要,就是理一理从魏晋到南北朝这三四百年的全部思想发展线索。过去学术界对魏晋注意得多,对南北朝注意得不够。实际上,魏晋这一段时间不太长,更长的一大段时间是南北朝。魏晋时期的思想是从前代蜕变出来的新思潮,是个思想转捩点,绝不可不深入研究,目前的研究远远不够;同时也要看到,南北朝这个阶段,直接孕育着隋唐大统一的新局面,隋唐思潮承继的是南北朝,魏晋思潮对隋唐思潮的产生,则隔了一层。对南北朝思想的研究还得花大力气才行。

　　哲学史工作者经历了不少风雨,甚至可以说是灾难,今天的学术空气、政治环境是新中国成立以来最好的,愿为开拓这个新领域和国内外同行们共同尽力。

论魏晋南北朝社会思潮的交融[*]

---

[*] 据《任继愈学术论著自选集》。原载《中国文化与中国哲学》，东方出版社，1986年12月版。

从事中国哲学史的研究，不难发现魏晋南北朝时期的哲学，上不同于秦汉，下不同于隋唐宋明。魏晋时期的玄学思想在中国哲学史上的地位，越来越被重视，这是可喜的现象。同时不能不指出，学术界对南北朝时期的中国哲学的发展注意似乎不够。从时间上看，魏晋哲学（即玄学）的发展、流行，约在魏晋政权更替之际，为时不过五十年。东晋时期，已不完全是玄学当令，佛教的思想深受儒教、玄学的影响，又有它独特的时代色彩。

魏晋玄学的主要代表人物，早期的如何晏、王弼，较后的如郭象等人的哲学体系及运用的范畴，看不出他们与佛教思想有什么瓜葛，事实上当时佛教已十分流行，只是没影响到玄学内部。相反，魏晋时期佛教的翻译及著作却不免带有玄学的影子，有些佛教独特的概念、范畴；往往用当时人们所熟知的玄学的概念、范畴去理解，并用这种理解向中国介绍。

东晋朝廷偏安江南，后来与东晋相衔接的南朝四代的主要思潮，呈现为玄学、佛教、道教与儒教思想混合交融的形势。

与东晋相对峙的五胡十六国及后来北方建立的北朝与南方学风不同，它具有中国北方学派和少数民族的特色，佛教、儒教的成分较重，玄学、道教的色彩较南朝稍淡。即历史上所说的北学繁芜、南学简要。繁芜，是指它玄学成分少，而汉儒解经影响大；简要是指玄学影响大，汉儒解经的影响少。若进一步细分，还可以举出更多的南北差异。如果把魏晋南北朝这段历史四百年的中国哲学发展全局来看，这四百年间也有它共同特点。因为这一时期，中国属于"乱世"，而不算"治世"。秦汉以来，中华民族已奠定了大一统的政治格局,大家已确认统一是正常的,分裂是不正常的。东晋及南朝有作为的几个统治者多利用恢复中原为号召,往往得到朝野的拥护。北方有为的统治者也认为不统一全国,不算真正的帝王大业。苻坚淝水之战大败而归,以致亡国。如果摆脱成败论功过的旧观念,苻坚统一全国的指导思想,符合中华民族秦汉以来的传统观念。中国应当统一,至于应当由谁来统一,要看民心向背、国势强弱,不是皇帝及贵族们的主观愿望所能决定的。

总之,魏晋南北朝虽属乱世,乱世也要有政府,也要建立适应乱世的统治秩序,否则人们一天也活不下去。因此,魏晋南北朝时期哲学社会思潮能在"乱世"这个总格局下面做文章。相对于全国大一统的盛世,我们称这一时期为"乱世"。

这个长期分裂近四百年的"乱世",放在整个中国历史发展的长河中,它有哪些特点?简单地说,概括为"交融"时期,有五个方面的特点可说:

第一,汉代经学的变革;第二,多民族社会制度、生产方式的交融；第三，宗教思想弥漫；第四，多民族文化与多宗教文化的交融；第五，国际文化与中华文化的交融。

一 汉代经学的变革

神学经学经历了汉末的政治混乱，已失去了它的神性的光辉。经学的训诂章句之学，作为一种纯学术，已流为烦琐，作为统治之术，更是缓不济急。魏晋经学演变趋势，在太学的讲习中已有所反映。它不满足于汉代传统讲述方式。高贵乡公曹髦，幸太学，与众博士论经学。先论《易》。

> 帝问诸儒曰："圣人幽赞神明，仰观俯察，始作八卦，后圣重之为六十四，立爻以极数，凡斯大义，周有不备，而夏有《连山》，殷有《归藏》，周曰《周易》，《易》之书，其故何也？"
> 《易》学博士淳于俊对曰："包牺因燧皇之图

而制八卦，神农演之为六十四，黄帝、尧、舜通其变，三代随时，质文各由其事。故《易》者，变易也，名曰《连山》，似山出内（云）气，连天地也；《归藏》者，万事莫不归藏于其中也。帝又曰：若使包牺因燧皇而作《易》，孔子何以不云燧人氏没，包牺氏作乎？

俊不能答。

帝又问曰："孔子作彖、象，郑玄作注，虽圣贤不同，其所释经义一也。今彖、象不与经文相连，而注连之，何也？"

俊对曰：郑玄合彖、象于经者，欲使学者寻省易了也。

帝曰："若郑玄合之，于学诚便，则孔子曷为不合以了学者乎？"

俊对曰："孔子恐其与文王相乱，是以不合，此圣人以不合为谦。"

帝曰："若圣人以不合为谦，则郑玄何独不谦邪？"俊对曰："古义弘深，圣问奥远，非臣所能详尽。"

帝又问曰："系辞云，黄帝、尧、舜垂衣裳而天下治，此包牺、神农之世为无衣裳。但圣人化天下，何殊异尔邪？"

俊对曰："三皇之时，人寡而禽兽众，故取其羽皮而天下用足。及至黄帝，人众而禽兽寡，是以作为衣裳以济时变也。"

帝又问："乾为天，而复为金，为玉，为老马，与细物并邪？"

俊对曰："圣人取象，或远或近，近取诸物，远则天地。"[1]

讲《易》毕，复命讲《尚书》。

帝问曰："郑玄曰'稽古同天，言尧同于天也'。王肃云'尧顺考古道而行之'。三义不同，

---

[1]《三国志·魏书》卷四。

何者为是？"

博士庾峻对曰："先儒所执，各有乖异，臣不足以定之。然《洪范》称'三人占，从二人之言'。贾、马及肃皆以为'顺考古道'。以《洪范》言之，肃义为长。"

帝曰："仲尼言'唯天为大，唯尧则之'。尧之大美，在乎则天；顺考古道，非其至也。今发篇开义以明圣德，而舍其大，更称其细，岂作者之意邪？"

峻对曰："臣奉遵师说，未喻大义，至于折中，裁之圣思。"

次及四岳举鲧，帝又问曰："夫大人者，与天地合其德，与日月合其明，思无不周，明无不照，今王肃云'尧意不能明鲧，是以试用'。如此，圣人之明有所未尽邪？"

峻对曰："虽圣人之弘，犹有所未尽，故禹曰：'知人则哲，惟帝难之。'然卒能改授圣贤，缉熙庶绩，亦所以成圣也。"

帝曰："夫有始有卒，其惟圣人。若不能始，何以为圣？其言'唯帝难之'，然卒能改授，盖谓知人，圣人所难，非不尽之言也，《经》云：'知人则哲，能官人。'若尧疑鲧，试之九年，官人失叙，何得谓之圣哲？"

峻对曰："臣窃观经传，圣人行事不能无失，是以尧失之四凶，周公失之二叔，仲尼失之宰予。"

帝曰："尧之任鲧，九载无成，汩陈五行，民用昏垫。至于仲尼失之宰予，言行之间，轻重不同也。至于周公、管、蔡之事，亦《尚书》所载，皆博士所当通也。"

峻对曰："此皆先贤所疑，非臣寡见所能究论。"

次及"有鳏在下曰虞舜"，帝问曰："当尧之时，洪水为害，四凶在朝，宜速登贤圣济斯民之时也。舜年在既立,圣德光明,而久不进用,何也?"

峻对曰:"尧咨嗟求贤,欲逊己位,岳曰'否德忝帝位'。尧复使岳扬举仄陋,然后荐舜。荐舜之本,实由于尧,此盖圣人欲尽众心也"。

帝曰:"尧既闻舜而不登用,又时忠臣亦不进达,乃使岳扬仄陋而后荐举,非急于用圣恤民之谓也。"

峻对曰:"非臣愚见所能逮及"。

于是复命讲《礼记》。

帝问曰:"'太上立德,其次务施报'。为治何由而教化各异,皆修何政而能致于立德,施而不报乎?"

博士马照对曰:"太上立德,谓三皇五帝之世以德化民,其次报施,谓三王之世以礼为治也。"

帝曰:"二者致化薄厚不同,将主有优劣邪?时使之然乎?"

照对曰:"诚由时有朴文,故化有薄厚也。"[1]

---

[1]《三国志》卷四。

论魏晋南北朝社会思潮的交融

曹髦当政时,社会上已出现了玄学思潮,这股思潮已冲决长期定于一尊的神学经学传统。当时国家教育机构(太学)思想比较保守,对新生事物(如玄学)还不能接受,皇帝曹髦(高贵乡公)也不属于代表新思潮的人物。尽管如此,从曹髦和太学博士们的问答讲论中,已看出传统经学已经失去它的统治优势,对数百年沿袭下来的师承、家法的旧经义,提出了疑问。

东汉末年中央政权堕落,失去权威性。当初被描绘得十分神圣的天子皇权,在人民的眼里已经破产。名不副实的现象十分普遍。从当政者的言行到社会风气、取士的标准,政府所提倡的和它实际所干的,完全不对号,社会出现了一股对传统价值的怀疑与批判思潮。[1]批判思潮的兴起,已经标志着玄学萌发酝酿阶段。对旧的社会失去信任,新的社会应当是一种什么形态,思想体系如何,还提不出一套完整的方案。总之,人们认为,从政治制度到道

---

[1]《中国哲学发展史(秦汉卷)》,《东汉末年的社会批判思潮》。

德标准,从宇宙论到人生观,非改变不可,旧章程无法维持下去了。

二 多民族的社会制度、生产方式的交融

我们编写《中国哲学发展史》(秦汉卷),已经指出,中国秦汉开始,开创了我国多民族大一统的新局面。今天全国人口占绝大多数的汉族,是秦汉以后逐渐发展壮大的。如果追溯这个汉族的起源,可发现它不是从来就存在的单一的民族。号称"汉族"的民族,它是春秋战国以来,以中原文化为中心的华夏族发展的结果。华夏族也不是单一的民族,它以华夏文化为中心长期形成的民族共同体。华夏族有共同文化语言文字,共同的经济生活,共同的心理状态。其中血统的联系,对汉族倒不占主要地位。

魏晋南北朝,是中华民族以空前规模进行大融合的时期。西晋统治集团内部混战,引起五胡十六国在北方连年混战,战争无疑给人民带来了灾难。同时战争迫使人民进

行大规模的流动。民族大迁移又促使民族间的婚姻关系变得复杂起来，从而打破了在族内近亲的繁衍的常规。由于民族的不断交流融合，北方少数民族在汉族影响下，加速了生活方式到生产方式的变革，处在奴隶制前期的一些民族，吸收了汉族先进文化（封建制社会对奴隶社会以至部落社会，无疑是先进的）按常规需要千百年的社会变革，在短短的几十年内就完成了，它们很快进入封建社会。少数民族以它本身固有的青春朝气，傅以先进的社会制度，它会开创意想不到的新局面。落后的蛮族在欧洲建立了生气勃勃的罗马文化，我国南北朝时期的历史发展与西欧的罗马文化有某些近似。北朝的生产发展、国家财力都超过南朝，后来以北方人力物力为基础的隋朝轻而易举地征服了南朝，为隋唐大一统的新局面打下基础。

南方各民族也有不同程度的融合。上层贵族，有南方土著顾、陆、张、朱等大姓与南渡后的北方大族王、谢、郗等士族结为联盟；南方少数民族也在大量开发生产的过程中有了新的交融。

经过了南北朝近四百年的民族融合，中华民族内部增加了新内容，以华夏文化为中心的汉族文化浸润了当时的各民族，各民族也以吸收中华文化为荣。如北魏的迁都、文化改革、改易姓氏，又给中华民族增输进新鲜血液。

民族间的融合过程，在当时并不是自觉进行的，历史往往以它独有的"诡恢"通过某些偶然事件完成了必然的使命。南北朝的战乱，无疑给人民带来了深重的灾难，灾难的背后，却伴随着新的成果——中华民族壮大了，社会发展的步伐加快了，为下一步大一统创造了条件。

三 宗教思想弥漫

中国的土生土长的宗教，在秦汉以前为巫术。汉末政治黑暗，社会混乱，朝野上下充斥着一种不安定的意识，在今存的东汉古诗中有不少反映。地主阶级中，有表现仕途失意、异乡漂泊的；有咏叹光阴易逝、伤悼自己地位卑下的；有表达人生有常、寿命有限的。在东汉古诗中有大量失志、伤时作品流行。

　　社会不安定的局面，黄巾起义后，汉王朝名存实亡；到魏晋时期，社会危机日益严重，西晋八王之乱，不但老百姓遭受战争灾难，上层贵族也朝不保夕。现实社会的动乱，给宗教活动提供了滋生的土壤。中国的道教就是在这个社会条件下加快发展起来的。外来的佛教早在西汉末、东汉初就传入内地，但影响仅限于皇室及上层贵族。魏晋以后，佛教、道教风靡全国，南北朝时，佛教更加发展。梁武帝时，"天下户口几亡其半"（这里的"天下"只是指梁朝境内）。北朝佛教发展的迅猛更甚于南朝。[1]《洛阳伽蓝记》所述塔庙建筑的宏伟壮丽，不难想见佛教在当时的势力。北周灭北齐，齐旧境内寺院四万余所，僧尼二百多万；周武帝建德三年（574）和建德六年（577）两次下令禁断佛道两教，焚经毁寺，没收寺院财产，强令三百万僧尼还俗（按当时禁断佛道两教的政策，其中也当有道教）、归乡

---

[1]　参看《魏书·释老志》。

编户。[1]这样庞大的僧徒，在全部人口所占比例之高，可以说空前的。

魏晋南北朝佛教信徒与佛经译著几乎同步增长。凡是印度及西域佛教经典中已有的，中国都有相应汉译本。佛教小乘、大乘、空宗、有宗、史传、目录、戒律、经论都有代表性的译著。南朝刘宋以后，译事停滞（也是趋于饱和），转向著述。此后佛教典籍中，译述的比重下降，著述的比重上升。著名僧人不再是外国的翻译家，而是中国的佛教思想家。这时期的道教，既有为上层王公贵族养生、修炼的著作，也有为下层民众设置的符水及祈禳的巫术。因而得到上层的重视和下层的支持。北方有寇谦之建立了进一步为上层服务的道教流派，南方道教有葛洪、陆修静、陶弘景等人为代表的南方流派。南方道教更多地从理论上融合玄、佛、儒的思想，构造体系。"三洞""四辅"的道教经典分类方法，

---

[1] 这次对佛教的打击甚于唐武宗会昌五年（845）的废佛运动。会昌废佛，拆寺4600所、兰若40000所，僧尼还俗者260500人。

反映了南方道教各流派综合整理、总结的实况。

佛道两教虽然都宣传出世，但都力图为当时的门阀士族地主政权服务，从出家人的立场强化儒家纲常名教思想。

魏晋南北朝时期佛教道教反映了各宗教内部许多流派的理论的分歧，同时也反映了各类宗教为封建统治者服务的基本教义，如忍让、禁欲、苦行、服从等奴化人性的教条。有利用宗教掩护农民起义的活动；也有政府内部的不同集团的武装斗争。其中成员有道教信徒，那是政治斗争，与宗教信仰没有必然联系。

四 多民族文化与多宗教文化的交融

中国古代社会的基本支柱是封建宗法制，纲常名教是它的核心。封建宗法思想的代表人物是孔子为首的儒家。南北朝时期，北方少数民族过去不曾接触华夏封建文化，生产方式还处在前封建主义阶段。佛教本来是外来宗教，在少数民族地区，佛教因果报应宣传比儒家思想更容易被接受,"佛是戎神,正所奉祀"。佛教对协调我国多民族的关系,促进北方民族间的交往,曾起过积极作用。

但文化在人类社会生活中是个有机体,与民族的发展密不可分。宗教文化与民族文化有时一致,有时不尽一致。民族不断发展,生产方式不断前进。北方少数民族很快进入封建社会,在中原地区执政后,又不得不与当地汉族门阀士族发生联系,争取得到他们的合作与支持,才能维持中原地区的长治久安局面。从五胡十六国到北朝各代,事实上形成了汉族与少数民族的地主阶级的联合政权。南北朝的后期,政府设施、官制建置更多采用中国传统的《周官》。《周官》真伪学术界有争议,但当时的少数民族容纳了北方汉族门阀士族的建议,并付诸实行,则是事实。

外来宗教到了中国,要做一些改变,以求适应新的环境。[1]南北朝后期的佛教也不同于汉魏初期的佛教,同时南

---

[1] 参看任继愈主编的《中国佛教史》第1卷,中国社会科学出版社,2014年版。

北双方佛教也会相互影响。佛教与道教的长期争辩也促进双方交流、融合。佛道两教又同为门阀地主阶级服务，因而不能不受儒家文化的影响。出家人本来不应参与政治活动，可是东晋庐山慧远为儒家讲《丧服经》；陶弘景身在山中，随时备政府咨询，号称"山中宰相"。这些交融只是形迹上的、政治上的。更深刻的多民族的文化与多宗教的文化的交融表现在哲学思想内部。

宗教之间的交互影响，随处可见。南北朝时期出现了大批"伪经"，如《须弥四域经》称伏牺、女娲为佛二弟子、两个显化菩萨，《洁静法行经》称佛遣二弟子；震旦教化，儒童菩萨，彼称孔子，光净菩萨，彼称颜渊，摩诃迦叶，彼称老子。《老子化胡经》则把释迦当成老子西出关教化的弟子。这两类都是抬高自己的宗教地位，贬低其他宗教地位的伪经。又如《提谓波利经》，流行于北方，以五戒、五常、五行、五星、五方、五色、五味、五脏相配伍。这正说明汉代的阴阳五行的宇宙论框架在玄学流行的南方逐渐消逝、北方保留的汉代经学传统观念较多。讲到佛教的"八关斋"与《礼记》的《月令》相结合,认为积善功德可以"增寿益算"。增寿益算之说来自道教《太平经》及《抱朴子》[1],还有一些宣扬儒家忠孝的伪佛经,如《佛说父母恩重经》等。

如果做更进一步的发掘,还可以发现,佛教、道教经典中某些概念范畴的作用、含义,已经不限于佛教、道教内部,它已渗透到中国哲学内部,实际上改变着中国哲学内容。佛教得到了儒教的支持而扩大了势力范围,儒教得到佛教的渗透而增加它们的抽象思维的深度。例如北朝流行的经论中有《十地经论》(世亲)和《摄大乘论》(无着),这两者都是印度大乘后期的作品。《十地经》原为《华严经·十地品》(鸠摩罗什译)。该经把成佛的过程分成十个阶段,一个阶段为一地(等级)。"十地"是由低级到高级进行精神修养的层次。《十地经》有"三界虚妄,但是一心作"。《十地经论》对此"一心"提出了解释,认为造作三

---

[1]《抱朴子·微旨》:"天地有司过之神,随人所犯轻重,以夺其算。"

界的这个心（"一心"）即阿赖耶识，这是一种不灭永存的精神实体。这个实体是"净"，它就是成佛的根据，要扶持它；这个实体是"染"，它就是成佛的障碍，要消除它。而《摄大乘论》讲"无尘唯识"，讨论的也是成佛的途径和世界构成的最后根源的问题。佛教中一派认为这个"识"是第八"识"（阿赖耶识），是染污的根源，另一派则认为这个"识"是阿摩罗识（唯一净识，又称第九识）。这些问题是深入探讨涅槃佛性问题引发出的新问题。它涉及一个根本问题：佛性是善，是真，那么罪恶从何而起？人性是善，恶从何来？佛教这个外来宗教关于佛性的辨析，直接联系到中国哲学史的人性论，而且把中国哲学史上讲了近千年的人性论深化了。后来的佛教华严宗，倾向于自性清净；法相唯识所讲的阿赖耶缘起，则认为第八识与生俱来，它是万恶之源，必须消灭它才能成佛。

佛教把得到最高精神境界叫作"成佛"。中国古代哲学把得到最高精神境界叫作"成圣"。名称不同，宗旨没有什么两样。

中国哲学史研究者，比较注意佛教思想与中国哲学思想关系。不少人指出，宋儒的月印万川、理一分殊的说法导源华严，心性之学来自禅宗，都言之有据，毋庸多说。朱子攻击陆九渊，说陆子近禅，陆子也说朱子近道教，陆朱两家都讲天理，讲心、性、情。宋儒关于人性论最重要的范畴是"天命之性"与"气质之性"，朱子称自从张载提出了"气质之性"与"天命之性"，才使儒门论性之说趋于完备。"论性不论气不备"，"论气不论性不明"。"气质之性"之说，于儒家经典无任何根据，但一切正统宋儒学者，对此完全接受，并有所发挥。把它和尧、舜、禹相传的"十六字真传"同样奉为至理名言。

我们可以说儒佛两教的互相渗透，有的有形迹可寻，有的无形迹可寻。有形迹可寻的容易看出儒家与二氏的凭据，无形迹可寻的真赃实犯不容易被人捉住。上面所举的例子，"气质之性"这一重要范畴出现后，立即完全为儒家所接受。这也就说明儒佛思想的交融已是水到渠成，双方心照不宣。

此外，如关于儒佛、儒道之间的类似情况还多，这里不必一一列举。

五　国际文化与中华文化的交融

一种外来文化与本土文化接触后，由于主客观的条件不同，产生的结果往往很不相同。文化不是抽象的，更不是无根的。文化必具有民族性，也必具有地区性。文化还具有继承性，没有从天而降的文化。

中华民族秦汉以前，是在中国内部范围内进行广泛的长期的交流而形成华夏文化。秦汉以后，由丝绸之路沟通了中西文化。先是经济的、商业的和政治的需要，逐渐打开了对外开放的门户。中国当时是个高度发达的封建大国。经济发达，物产丰盛，文化悠久而开明，远出于四邻之上，中华民族以自己的悠久灿烂文化而自豪。当时，我们主要来往借助于陆上的丝绸之路。佛教发源于东方文明古国，有它自己产生发展的社会历史背景。中国与当时西方文化接触后，经历了一个长期融合的过程。两种不同来源的文化相接触，有三种可能：(1) 如本土文化先进，外来文化落后，两相接触，落后的一方往往被先进文化的一方消融；(2) 外来文化先进，本土文化落后，外来文化引进后，很少本土文化不被外来文化消融的；(3) 双方文化先进程度大致相当，两种文化接触后，经长期激荡、摩擦，造成相互渗透、相互吸收的情况。佛教传入中国，略相当于第三种情况，又不全同于上述第三种情况。因为中国传统文化是中国封建宗法制度下长期积累的产物。它根深叶茂，支干扶疏，对外来文化无所畏惧，信手拈来无所容心，以我为主吸收其所当吸收以为我所用。因此，佛教文化传入中国后，中国传统文化对佛教文化不是闭门不纳，而是对它进行改造，以求其适应中国封建宗法制度。而佛教文化也有它的深厚根基，要把它改造得完全适合中国的需要，并非轻而易举。

我们可以说，佛教传入中国二千年的历史，也就是佛教不断改变它的精神面貌以期适应中国封建宗法社会制度的历史。先经过翻译介绍，然后中国人自己阐释发挥，有些发挥在印度有某些经典根据，也有些中国佛教著作与印度传统佛教全不相干，完全是自己的创造。历史表明，完全创造的流派，其影响反而胜过有外来经典依据的流派。佛教毕竟是一种体大思深的宗教思想体系，虽屡经改造，但仍能维持自己的门户不使磨灭。我们也曾看到进入古代中国的还有其他宗教，却被中国传统文化逐渐消融，最后归于消失的也不少。

再以佛教文化为例。东方哲学、东方宗教与古希腊传统迥异。即以认识论为例，认识论都是探讨主体与客体关系的学科。这是共同的。但认识方式、思维方式，都不得不受言语、民族的文化传统的制约。同样讲到"认识"，在西方感性认识、理性认识的分辨层次井然，心内主客之间也界划分明，西方把道德、感情、感受之类与认识能力有分明的界限。东方的"认识"论，包括中国的、佛教的哲学理论所涉及的认识，像佛教所讲的"识"，就它具有分别辨析的作用来说，它有着认识论的共性。任何哲学流派的认识论，涉及主客观关系，都承认有分别、辨析才有认识作用。但佛教的识（包括大乘后期提出的八识）的对象，不止限于识别主体外物、感知的精神活动。它的"识"的内容丰富得多，佛教的识，绝不限于观察、反映的活动，它还包括痛痒之感，苦乐之情，善恶价值判断，行为追求，是对宇宙，对人生，对社会的总判断。如果说这也是认识论，这个认识论既包括西方传统哲学所公认认识论的内容，又有西方传统哲学认识所包不尽的内容，如道德观念、美的欣赏品鉴、宗教情操体会，都是属于"识"所涉及的范围。它是一种广义的、整体性、综合性的直观"体认"过程。这种"识"包括心的作用，包括思想感情的作用，也包括道德修养自我判断和自我体验。这种特点，把宗教修养、宗教世界观，很自然地与哲学融为一体，佛教、儒教（宋明理学）浑然一体，不易划分，其症结也在这里。

综上所述，魏晋南北朝时期各种思潮和文化的交融在中华民族的认识史上占有十分重要的地位，它承上启下，一方面继承维护了从先秦到两汉长期积淀而成的民族文化传统，同时也在广泛的交融中汲取了多方面的营养，扩大了视野，丰富了内容，隋、唐、宋、明以后中国哲学史所出现的新面貌，如果不追溯到这一段历史，是无从理解的。

魏晋玄学中的社会政治思想和它的政治背景[*]

---

[*] 原载《历史研究》1954年第3期。署名:汤用彤、任继愈。

一 范围和目的

本文范围只限于由曹魏兴起到西晋倾覆这一段时期玄学家的社会政治思想,不涉及魏晋玄学中的全部问题。

本文目的在于说明以下两个问题:

第一,魏晋玄学虽以老庄思想的面貌出现,但我们不能因此而简单地把它看作先秦老庄思想的再现。实际上它是在不背弃儒家封建伦理基本观念的条件下,吸收了汉以来的名家、法家的学说,以老庄思想为标志的哲学思想(东晋以后,社会经济、政治、文化各方面条件有极大的变化，在思想上又有佛教成分渗入。当另文详论）。

第二，魏晋玄学表面上只谈些玄虚的抽象的理论，一向被误认为是逃避现实的、消极的不涉世务的空论，这只是它的现象。本文着重指出魏晋玄学与当时现实政治的互相依附的关系及其玄虚理论的实际意义。

二 魏晋玄学思想产生的社会历史条件

汉末黄巾起义失败后，各地的地主武装互相混战，以致中原残破，人民死亡逃散。袁绍军在河北靠吃桑葚过活；袁术军在江淮一带靠吃蚌、蛤、蒲、蛹过活；曹操军队在山东乏食，程昱搜刮当地粮食，其中杂有人肉干，供曹军三天食用。中原户口十不存一。当时的农民主要是缺少生命的保障，而不是土地。他们必须依附在各地豪强地主的周围，这时出现了坞堡经济，形成了典型的分散性、割据性极大的封建经济的特色。

当时的封建统治者、地主阶级，在劳动力不足的条件下也认识到占有劳动力对他们最有利。魏的屯田制、晋的占田制都是在劳动力极度缺乏时,统治阶级把农民束缚在固定的土地上的剥削制度。在国有(即皇帝私有)土地上,用军事编制把农民束缚在固定的土地上为国家耕种,这就是曹魏的屯田制;用法律、政治的力量把农民束缚在土地上为皇室及大臣贵族耕种,这就是西晋的占田制。

曹操最初采用屯田制度,固然是一种残酷的强迫劳动的剥削方式,但在大批流民不能安居生产,生产力极度破坏的时期,个体农民若没有组织、缺少武装保护,即无法生产。屯田制在曹魏初期一定时期内,对于恢复生产起过积极作用。但到了社会秩序比较安定的时期,这种强迫劳动的屯田制度就成为生产力发展的桎梏。

占田制度是对大地主阶级更有利的一种封建剥削制度,它是司马氏制定的保障豪门世族的经济利益的制度。它的剥削量几乎超过了农民负荷的能力。剥削的范围不仅限于成年的男丁,连女子、十三四岁的儿童、六十多岁的老翁都不能避免。

魏、晋的租税制度，除了榨取农民的主要收获物——谷物以外，还榨取农民的家庭副业收入，征收绢和绵，此外还有力役。西晋农民的负担比曹魏时代约加重百分之五十。魏、晋时代的农民已没有多余的生产品可以投入市场。汉末到曹魏中叶，在广大农村中已没有货币流通。[1]商品交易多半限于畸形发展的大都市，所交换的商品也只是些贵族的奢侈享乐品，商业在全部国民经济中占极不重要的地位。

魏、晋时期的经济特点，即自然经济形态的加强和巩固。

魏晋玄学中的社会政治思想都是在不同的角度，从地主阶级的立场为当时的敲骨取髓的剥削制度服务的。道家思想的"无情"与儒家思想的"上下之序"有机地结合起来，构成当时统治阶级所需要的思想支柱。

以上是魏晋玄学产生的经济方面的条件。经济方面的条件起了变化，阶级力量的对比也起了重要的变化。

汉末，农民掀起了革命的浪潮，农民革命的锋芒指向

---

[1]《晋书·食货志》：魏明帝时"钱废谷用既久"，到西晋亡，未铸钱。

以刘姓天子为首的中央政府和全国的地主阶级。由于农民革命队伍本身存在的弱点,以及全国各地的地主武装力量的强大,这一伟大的革命运动在短时期内被残酷地镇压下去了,成千上万的农民遭到地主武装的杀戮。

这一伟大的革命运动震撼了东汉统一帝国的基础,促使当时的社会在阶级关系上起了分化。

农民方面,自从革命失败后,他们的经济和政治地位更低了。地主阶级在镇压农民的战争中,扩张了他们的武力,在地主阶级中间形成了相当长期的武装割据、军阀混战的局面。起义失败了的农民,在军阀混战的灾难下,不得不忍受极大的剥削和压迫,在宗族、乡党的封建关系下分别依附在各地豪强地主的周围,借以自保。农民不能离开各地豪强地主的土地,形成了当时的"部曲"制度。中原地区的个体的自耕农民极难生存。当时的阶级形成了极端对立的现象,一方面是军阀豪强地主,另一方面是过着悲惨的农奴式的生活的农民,产生了严重的农民在经济上、政治上对地主阶级的人格依附的现象。

在地主阶级中间,也起了分化。东汉的统一政府垮了,因而东汉以来由豪门世族占绝对优势的察举制度不得不有所改变。

察举制度是由州郡地方官吏提出自己满意的人才,送到中央做官的一种官僚政治的选拔制度。一般中、小地主即使有土地、有钱,如果他们缺少儒家经学的教养,他们也很难爬上政治舞台。曹操自己承认他"本非岩穴知名之士",他少年时最高的希望只是做到郡守,经过长期的军阀混战,随着他在军事上的逐步胜利,才增长了他的政治野心,以致最后想做"文王"。

曹操自己是宦官之后,在汉末清议盛行时,他不能列入"清流"。团结在曹操周围的官吏将士也多半是地主阶级中中小地主阶层的人物。[1]他首先提出"用人唯才"的标

---

[1]《三国志·魏书》卷一注引《魏书》:"(曹操)拔于禁、乐进于行阵之间,取张辽、徐晃于亡虏之内,皆佐命立功,列为名将;其余拔出细微登为牧守者,不可胜数。"

准。[1] 他又在214年、217年两年再三颁布用人唯才的命令。他有意识地打击东汉以来势力最大的豪门世族，他选拔人才不用旧日的察举标准，他用法律、政治的权力保证中小地主阶层有可能登上政治舞台，但绝不能理解为当时豪门世族的势力已经被中小地主阶层的势力所代替。当时具有几百年深厚的政治、经济、文化基础的豪门世族的势力还极强大。曹魏政权主要依靠中小地主阶层为核心，打击那些名满天下又不为他所用而"危害性"最大的豪门世族，[2] 至于一般的豪门世族，他不但不能完全排斥，反而必须争取他们的合作。[3]

---

[1]《三国志·魏书》卷一："十五年（210）春下令曰，今天下尚未定，此特求贤之急时也。孟公绰为赵魏老则优，不可以为滕薛大夫。若必廉士而后可用，则齐桓其何以霸世。今天下得无有被褐怀玉而钓于渭滨者乎？又得无盗嫂受金而未遇无知者乎？二三子其佐我明扬仄陋，唯才是举。吾得而用之。"

[2] 曹操曾逮捕汉末与袁氏齐名、世代公侯的弘农杨彪，汝南袁氏四世五公，倾动天下，被曹操连根铲除了。他又曾杀戮钻入曹氏集团内部的杨修，捕杀海内负重望的鲁国孔融、清河崔琰。

[3] 如颍川荀氏，即曹操所争取的豪门世族的代表人物之一。

曹丕时代用"九品中正"的选举办法，企图把用人权掌握在中央政府手中。[1] 由于豪门世族力量的强大，却只能做到"上品无寒门，下品无势族"。这正说明曹魏政权集团所依靠的政治核心的社会力量还很薄弱。他们虽然企图利用刑名、法术来镇压豪门世族过分强大的势力，但东汉以来的豪门世族享有几百年的经济和政治的特权，他们这一阶层不满足于曹魏政府有限度地对豪门世族让步的政策。司马氏能够利用宫廷政变的方式，推翻曹魏，取得天下，主要原因即在于他们得到当时豪门世族这一特殊阶层的拥戴。[2] 曹魏未亡时，司马氏当权后，即开始废屯田，并将一部分屯田分赐给官僚。以后西晋的占田及荫人、荫户的制

---

[1] 曹魏在每郡设立一个"中正"官，由中央任命当地的人士充当，主持本地人才的选拔，根据才能、品质、家世等条件分为九等，送交司徒府备案。

[2] 西晋的"开国功臣"，如何曾、王祥、贾充、王昶、杜预、荀𫖮、卫瓘、刘放、孙资、荀勖、石苞、裴秀，都是东汉以来的豪门世族，司马懿本人也是汉代豪族。只有山涛、郑冲、张华等极少数大臣出身寒门，与曹魏的"开国功臣"的阶级成分有极大的差异。

度，纵容豪门世族以匈奴人及胡人为田客，多者可到数千人。[1]对于豪门世族侵占官田采取放任的态度，虽然规定占田的限度，但不规定买田的限度。这些政策都说明司马氏的政权是代表豪门世族阶层的利益的。史称晋朝"政治宽简"，即是对豪门世族的"宽简"。

中国古代封建社会的改朝换代，常常由农民起义推翻旧王朝。新王朝的统治者深知农民力量的"可怕"，不得不对农民的要求做一定程度的让步。魏、晋王朝不是在农民革命之后建立的，而是在农民革命低潮时期建立的。魏、晋的统治阶级知道农民在当时还没有起来"造反"的可能，所以当时的社会矛盾便集中表现为朝廷内部地主阶级中两个不同阶层的政治斗争。当时的客观形势迫使统治阶级内部的每一个分子必须被卷入政治斗争的旋涡中。

作为这一时期中国封建社会上层建筑的魏晋玄学，不能对它的基础漠不关心。作为代表地主阶级利益的思想家，

---

[1]《晋书·王恂传》。

他们也必须关心他个人的安危和他的阶级利益。因此，在政治斗争激化时期，魏晋玄学的社会政治思想不得不成为魏晋玄学中心问题之一。

除经济及阶级力量的对比发生变化外，思想发展的继承性也是魏晋玄学思想产生的重要条件。

东汉今文经学本身包含着极复杂的谶纬迷信的成分。其中合乎科学的合理部分几乎完全被那些迷信部分所淹没。又由于汉代采取通经致仕的制度，使经师章句之学得到空前的发展。末流之弊，正如班固所说，"一经之说，至百余万言。说五字之文，至二三万言"。作为统治人民思想的工具的今文经学具有两个弱点：一是荒诞，二是烦琐。当它逐渐失去其统治人民思想的作用时，地主阶级中的知识分子不得不另寻更有效的武器。

为了破除荒诞，免于烦琐，必须在今文经学所特别推崇的儒家经典《春秋》以外另找其他经典的根据。他们找到了儒家的《易经》和先秦的《老子》。本来在东汉初年，谶纬之说盛行时期早已潜伏着一股反今文经学的暗流。扬雄、桓谭已开其端，至于在思想上摧毁今文经学的堡垒，并获得巨大成就的，应归功于伟大的唯物论思想家王充。

东汉的今文经学本身具有严重的弱点，不得不走向衰亡的道路，同时东汉的察举制度和东汉的太学却在用政治力量帮助今文经学的传播。豪门世族世世代代父子相传、师生相授的都是这种迷信的章句之学。这样的学问成为保证地主阶级知识分子走上政治舞台的法宝。正如清朝末年有些地主阶级知识分子虽然不赞成八股取士，但是为了自己的出路，还是纷纷应考。只要刘姓的中央政府的机构还存在，地主阶级的知识分子是宁肯走老路的。董卓及其野蛮的军队颠覆了东汉的政府，因此察举制度和太学也就不能再保存了。其后魏文帝曹丕为了培植忠于曹魏政府的政治势力，设置太学，到曹芳时代历时二十余年，并无成效。[1]事实上旧日的今文经学不得不结束其命运。

---

[1]《三国志·魏书》卷一五《刘馥传》："自黄初以来，崇立太学二十余年，而寡有成者，盖由博士选轻，诸生避役，高门子弟耻非其伦，故无学者。虽有其名而无其人，虽设其教而无其功。"

学术的传播不能离开一定的物质条件。董卓变乱以前，洛阳是全国文物图书萃聚的中心。"光武迁还洛阳，其经牒、秘书，载之二千余辆。自此以后，参倍于前。"[1]东汉时代的太学生有时多到二三万人。董卓退出洛阳时，纵兵焚掠，屠杀无辜人民，使中原的经济遭到惨重的破坏，而他毁灭文化的罪行竟造成人类文化上无可弥补的损失。《后汉书·儒林传序》沉痛地记载着：

> 及董卓移都之际，吏民扰乱，自辟雍、东观、兰台、石室、宣明、鸿都诸藏典策文章，竞共剖散。其缣帛图书，大则连为帷盖，小乃制为縢囊。及王允所收而西者，裁七十余乘，道路艰远，复弃其半矣。后长安之乱，一时焚荡，莫不泯尽焉。

章句之学已没有条件恢复，通经致用也很难再作为察

---

[1]《后汉书·儒林传序》。

举的凭借,连通经的人才也很难找到。魏曹芳时朝廷大小官吏及太学生在京师的有万余人,能通古礼的却没有几个人;中央官吏四百余人,能提笔写文告的还不到十人。[1]学术到了这种境地,不得不变了。

汉末,两京焚荡,中原战乱,学术重心不得不自京师转移到各地方豪门世族手中。当时未遭战火的有刘表占据的荆州和刘璋占据的四川,而巴蜀险远、刘璋暗弱,于是文人学者多萃集于荆州。刘表本人为东汉末年的名士,他是"八及"[2]之一。刘表在荆州曾开立学官,编定五经章句;[3]他又集中二三百人的力量,"删划浮辞,芟除烦重"[4]。刘表所领导

---

[1]《三国志·魏书》卷一三《王肃传》注引《魏略》:"正始中有诏议圜丘,普延学士。是时郎官及司徒领吏二万余人。虽复分布,见在京师者尚且万人,而应书与议者略无几人。又是时朝堂公卿以下四百余人,其能操笔者未有十人。"

[2]《后汉书》卷六七《党锢列传》:"张俭、岑晊、刘表、陈翔、孔昱、苑康、檀敷、翟超为八及。及者,言其能导人追宗者也。"

[3]《三国志·魏书》卷六注引《英雄记》:"(刘表)开立学官,博求儒士,使綦毋闿、宋忠等撰五经章句,谓之后定。"

[4]《全三国文》卷五六《刘镇南碑》。

的这一学术中心，以古文经学为主，并极重视《易》与《太玄》。宋忠等人又是《易》与《太玄》的专家。南齐王僧虔《诫子书》中曾说"荆州八袠"为"言家口实"，又说"八袠所载，共有几家"。可见荆州经学派的著作直到南朝仍不失为清谈家必读的课本，其中玄学思想成分可以想见。其后荆州刘琮降曹，这一批学者及其学说也被带到中原，形成了曹魏领导的学术集团中的主要力量。魏正始年间著名玄学思想家王弼，即是接受荆州学术传统的。王弼父、祖两代与荆州关系至为密切。清《易》学家张惠言曾说："王弼注易，祖述（王）肃说，特去其比附爻象者。"（按：王肃曾跟宋忠学《太玄》）如果这个推论是正确的，那么，由宋忠到王肃，再到王弼，其间思想传授的关系是值得注意的。

以上这些因素，仅可以作为魏晋玄学思想产生的重要条件，但不能作为魏晋玄学思想产生的主要根据。魏晋玄学产生的根本条件，应当是、也必然是魏晋的社会的实际的需要。因此，必须分析魏晋玄学的社会政治思想，从而说明它与魏晋的实际政治的依赖关系。

三 魏晋玄学思想的萌芽——刘劭的《人物志》

从汉末到魏初,"名""法"思想的活跃,是魏晋玄学思想的萌芽。

先秦的名学固然包括了关于逻辑的思维方法的科学,也往往用分析名物作为辩论的思想方法的武器,但名学在当时实际的政治意义,并不在于辩论,不在于纯理论的推理,而在于考核名实,因人授职。因此,先秦以来名学与法家思想有着密切的联系。

汉代统治者选拔官吏。大致可分为地方察举(由地方官吏向中央推荐)和中央指名征辟。被察举或被征辟的人物必须取得当地地主阶级的舆论的支持,并由他们给以鉴定性的评价。评价的标准:或以地主阶级的封建道德作为根据,如"敦厚""方正""孝廉""节俭"等;或以统治人民的能力为根据,如"高第""良将""秀才""卓异"等。

他们取得的评价,就是他们以后爬上统治舞台的资本。当时固然也有出身寒门的官僚,但毕竟占少数;豪门世族享有优先做官的权利,因为他们掌握了文化和各地区品鉴人物的"清议"。这一批人物,作为地方地主阶级的势力,向中央贪污腐朽专制政府的抗议,它有一定的进步性;但是他们彼此标榜,互相揄扬,这种察举制度本身所提倡的道德的虚伪性,已在当时人民眼中完全暴露出来。[1] 封建地主阶级的道德即在于使人从思想上相信被地主阶级剥削是"合理"的。作为剥削阶级的统治者,他们所关心的并不在于道德的虚伪性,一切剥削阶级的道德,本来就是欺骗人民的工具。但是"名实乖滥"的结果,必然使得选拔出来的"人才"不能满足封建政权的要求。这是每一个头脑清醒的封建统治者所关心的问题。

所以汉末到魏初,有关"名""法"之学的著作纷纷出

---

[1] 当时民谣:"举秀才,不知书;举孝廉,父别居;寒素、清白浊如泥,高第、良将怯如鸡。"

现，有王符的《潜夫论》[1]、崔寔的《政论》、仲长统的《材能篇》[2]和《效难篇》[3]、徐干的《中论》[4]、刘廙《政论》的《正名篇》[5]。最有系统足以反映当时考核名实、品鉴人物的思想的名法之学，应以刘劭《人物志》作为代表。刘劭曾著《法论》，又曾受诏作《新律十八篇》（按：《魏律》以刑名为首篇，由此可推知名法之学与用人行政的关系），他提出百官考课之法，在实际意义上，它是配合曹魏的用人唯才，扩大选拔人才范围的政策的。

刘劭《人物志》是汉末魏初品鉴人物的理论。第一，根据人物的外形，以观察人物的内心。虽然"性情之理，玄而难察"，但人既然"禀阴阳以立性，体五行而著形，苟

---

[1] "有号者必称于典，名理者必考于实。则官无废职，位无废人。"
[2] "或曰人材有能大而不能小，犹函牛之鼎不可以烹鸡，愚以为此非名也。"
[3] "名由（犹）口进，而实从事退"，"名由众退而实从事章"。
[4] "名者所以名实也，实立而名从之，非名立而实从之也。"
[5] "名不正，则其事错矣……王者必正名以督其实……行不美则名不得称，称必实所以然，效其所以成。故实无不称于名，名无不当于实。"

有形质,犹可即而求之"。这仍是采取了东汉王充以来论人根据骨相的理论。[1]所以,论声音,以气禀为根据;论风神,以眸子为根据。《人物志》的重要意义即在于提出了考核人才的普遍原则,不是讨论具体的个别的人物。第二,《人物志》不涉及门第出身,只就人物论人物,它跳出了东汉以来旧传说。第三,继承了王充的宿命论思想,刘劭以为人物生来的生理条件决定了人的才能的高低。人生来如此,无法改变。

虽然如此,刘劭所论的人才的标准也还是有其一定的阶级局限性,他所论的人物,实际上并不包括种田、劳力的劳动人民,他所论的人物只是那些有条件做守、令、将、相的人物。照他的理论,既然有一种人生来适于做官,自然也应该有一种人生来就适于种田、劳力。《人物志》说:"致太平必赖圣人。"圣人不是一般识鉴原则所能认识的,圣人是天生的,不可学而至。这也正说明当时阶级的鸿沟

---

[1] 王充《论衡·骨相篇》:"察表候以知命,犹察斗斛以知容矣。"

反映在人物品性上成为圣人与凡人对立的鸿沟。典型的先秦法家,主张只要法治,不必待圣人即可治天下。而在阶级间极端分化的魏、晋时代,法治思想也不得不变。

以上说明刘劭《人物志》观察人物的标准。现在进一步论述这种学说与当时实际政治的关系。

曹魏政权建立后(并不是从曹丕代汉开始,应当从曹操击败袁绍时算起),曹操为了建立以中小地主为基干而又联合豪门世族的统治政权,必须与东汉以来腐朽的选拔人才的标准进行斗争。如三国时四世五公的袁绍[1],名扬海内"八及"之一的刘表[2],照当时旧的鉴定的标准,不外称赞他们"有姿貌""有威容""忧喜不形于色"这些表面的形象。曹操却早已看穿了他们并不是什么英雄,不过是庸才、废物。曹操用人唯才,提倡法治,正是为了打击那些在他统辖范围内的旧日豪门世族的尚虚声、慕浮华的风气。曹操

---

[1]《三国志·魏书》卷六。
[2]《三国志·魏书》卷六。

《与孔融书》[1]中已明显地表明了摧抑与政府对抗的舆论的决心。当时的实际问题,不仅限于如何发现人才,更重要的是如何使用他们。因而从形名必然联系到封建的法治。

韩非早已提出"听其言而求其当,任其身而责其功,则无术不肖者穷矣"[2]。循名责实,必以刑罚、法令相辅助。刘劭《人物志》与韩非的法治思想是相通的,其目的在于抑豪强,加强中央的控制力量。

为了加强中央政府的控制力量,不但在政治上,而且要在名义上,在封建的伦理道德上给以理论根据。所以刘劭提出"建伦常,设百官"。在一定意义上,必须采用儒家"定尊卑""正名分"的基本伦理思想。曹操在挟天子以令诸侯的时候,恰恰需要以傀儡天子的"名号"来镇压那些"窃据名号"的地方割据的军阀。

---

[1] "孤为人臣,进不能风化海内,退不能建德和人,然抚养战士,杀身为国,破浮华交会之徒,计有余矣。"
[2]《韩非子·六反》。

先秦法家已把法家与老子的无为的政治哲学结合起来，构成君逸臣劳，"君有其名，臣效其形"的法治学说。因而刘劭的《人物志》中也把老子的思想带进了他的体系[1]，《人物志》序中说，圣人"劳聪明于求人，获安逸于任使"，虽然与先秦的法家思想略有不同，而基本上仍是法家的精神。

与刘劭同时的"名理"家，如钟会有才性"四本"之论，也是刘劭《人物志》一类的形名之学的著作。钟会喜《易》，曾论"《易》无互体"，《魏书》本传："及会死后，于会家得书二十篇，名曰《道论》，而实刑（应作形）名家也。其文似会。"名为"道论"，而内容却是"形名家"，想必当时论"形名"必须提高到最高的"道"的原则，在刘劭、钟会的时代似已成为通例。又如傅嘏、荀粲，都是玄学家而又是"善言名理"，精通形名、法律之学的。王弼的

---

[1]《人物志》："老子以无为德，以虚为道"，"老子曰：夫唯不争，故天下莫能与之争"。

思想，固然不能认为受《人物志》思想的影响，但是他在政治理论方面论君道，辨形名，仍然不出当时一般名家理论的范围。随着"用人唯才"的需要，必须改变东汉以来的用人标准。在建立新的标准时，也必须在理论上找出最高的原理、原则，来支持这种新的政治制度。

如玄学领袖夏侯玄，就他现存的著作来看，他是主张"考核名实""注重刑赏"的法家。他同时又是何晏、王弼所尊奉的"以无为本"的学说的提倡者。何晏本人是法家，又是魏晋玄学的创始人。

以刘劭为代表的这一批善言名理的思想家几乎同时涌现出来，而且他们又都与后来的魏晋玄学家有密切的联系。这种现象不是偶然的。由此可以推知魏晋玄学的发生和发展的真正原因乃是适应汉魏之际的政治需要，在政治上既然有了用人唯才、使才以法的制度，于是在学理上产生了考核名实的政治理论；由察举人才，进而提高到抽象原则，研究人才的普遍的特性；由设官分职而提高到社会政治的原理；由人物性情的根本推溯到天地万物的根本。

以刘劭《人物志》为代表的思想，应当认为是魏晋玄学的雏形，其主要目的只在于解决政治上鉴识人才的问题，还没有提到哲学的世界观的高度来观察自然现象和社会现象。唯其如此，所以刘劭的《人物志》，只能认为名家或形名家的政治理论，而不被当作哲学著作。

四　以何晏、王弼为代表的"无为"的政治的意义

从曹操取得政权到曹芳继位的初年，中间经过了三十年的社会秩序安定的时期。由曹操提拔起来的寒门中小地主阶层出身的新贵族，差不多过了一代。这些享有政治特权的新贵族经过长期剥削，积累了财富，掌握了文化，他们与豪门世族的差别逐渐消失，而经济利益的要求也与豪门世族阶层趋于一致；只是政治系统不同，新旧贵族中间还存在着一些矛盾。另外，还有一些没有享有政治特权的中小地主，和豪门世族中间也还有一定的矛盾。曹氏集团的新贵族，其中有些已忘了他们的寒

微的出身，甚至看不起比他们更新起的从中小地主阶层爬上来的贵族。[1]

曹魏政权尚法治，重考核，严刑峻法，本来是用来对付豪门世族的，豪门世族对此感到不便。过了三十年的太平日子，曹魏政权下的新贵族由于经济力量的壮大，也感到中央集权的君主专制会限制了他们的经济势力的扩张。

浮华交游，树立朋党，这是汉末地主阶级在势力壮大后，要直接干预中央政府用人权和行政权而产生一种党派性的集团。曹操为了巩固中央集权的力量，团结中小地主阶层，打击豪门世族的势力，专力"破浮华交会之徒"。但在社会秩序安定的封建制度下必然使地主更富，农民更贫。所以到了曹操的孙子魏明帝时代，旧日豪门世族的势力虽然不敢起来公然与政府对抗，而曹魏政权系统下新贵族的

---

[1]《魏书》卷九："夏侯玄……尝进见，与皇后弟毛曾并坐，玄耻之，不悦形之于色。明帝恨之。"

经济势力逐渐壮大,已开始"修浮华,合虚誉"。修浮华、合虚誉的实际意义即是联合一部分地主阶级上层人物,对政府的措施提出指责,对用人权采取干涉(用他们制造的舆论来干涉)。这正是统治阶级内部相互争夺封建统治权力中的必然现象。而这些"修浮华"的分子,多半是曹魏集团中的人物。就曹魏政权看来,他们的这种议论和干涉,就妨害了曹魏当权者的特殊权利。[1]当时魏明帝尚有相当的力量控制政治,所以这些浮华之徒刚刚出现,即被压制下去。

正始时(240—249)曹芳做皇帝,他是个长于深宫的小孩子,实际政权落在一部分亲贵大臣曹爽等人的手中。这一派亲贵大臣为了巩固自己专政的特权,便向司马懿为

---

[1]《三国志·魏志》卷二八《诸葛诞传》:"(诸葛诞)与夏侯玄、邓飏等相善,收名朝廷,京都翕然。言事者以诞、飏等修浮华,合虚誉,渐不可长。明帝恶之,免诞官。"注引《世语》曰:"是时当世俊士散骑常侍夏侯玄、尚书诸葛诞、邓飏之徒,共相题表,以玄、畴四人为四聪,诞、备八人为八达……帝以拘长浮华,皆免官废锢。"

首的豪门世族集团施行压力,在统治者内部展开了斗争。[1]斗争的结果,曹爽为首的这一派失败了。司马懿把何晏、邓飏、桓范这些名士"夷及三族,男女无少长、姑姊妹女子之适人者皆杀之"。

所谓"正始"玄风,恰是这些浮华之徒当政时期的学术风气,在玄学的政治思想中提出了"无为"的政治理论。在朝的有夏侯玄、何晏,在野的有王弼,他们都讲"天地万物以无为本"的政治理论。他们主张"无为"的实际意义,就在于使皇帝无所作为,而大臣得以专政。这一时期的"无为"的政治理论,与前一时期以刘劭《人物志》为代表的君主握有政权而不必亲细务的"无为"是不同的。其后东晋王朝"寄居"江南,大臣专政,皇帝成为虚设。在那时,"正始之音"遂又特被当时贵族欣赏提倡,成为当时政治的主导

---

[1]《三国志·魏书》卷九《曹爽传》:"爽弟羲为中领军,训武卫将军,彦散骑常侍侍讲,其余诸弟皆以列侯侍从,出入禁闼,贵宠莫盛焉。南阳何晏、邓飏、李胜、沛国丁谧、东平毕轨咸有声名,进趣于时。明帝以其浮华,皆抑黜之。及爽秉政,乃复进叙,任为腹心。"

思想。清初爱国思想家顾炎武痛恨正始学风（即何晏、王弼所提倡的"无为"的学风），骂他们"视其主之颠危，若路人然"（《日知录》卷一三）。这些玄学思想家的确不关心"其主之安危"。司马氏不忠于曹魏王朝，这是人所公认的。其实曹爽、何晏这一批曹魏系统下的贵族也是不忠于曹魏王朝的，他们这些贵族，多半与曹魏王朝有血缘的家族关系，他们便利用这一有利的条件，利用曹魏政权的机构以满足自己的经济利益和政治要求。[1]也正由于他们多半与曹魏王朝有血缘关系，不得不站在曹魏这一边。

何晏是魏晋玄学家的领袖人物。他说"天地万物皆以无为本"，又说"道不可体，故志之而已"。[2]何晏曾引用夏侯玄的话说"天地以自然运，圣人以自然用""自然者道也"[3]。"圣人以自然用"，所以就应当"无为"。皇帝应"除

---

[1]《三国志·魏书》卷九。他们迁太后于永宁宫，即是为了包揽朝政，以齐王芳为傀儡。桓范劝曹爽挟天子走许昌，也是这种企图。

[2]《论语集解·志于道章》注。

[3]《无名论》。

无用之官，省生事之故，绝流遁之繁礼，反民情于太素"[1]。与何晏同时被杀的桓范著《世要论》，也说"尧无事焉而由之圣治"[2]，为臣就应当"辅千乘则念过管、晏，佐天下则思丑（按：丑即比、类）稷、禹"[3]。这都是为了说明君要无为，臣要大权独揽。

何晏虽昌言道家的无为，但同时也留心儒家的丧祭服制，通晓历代的典制，服膺孔子。他以玄学家领袖而参与作《论语集解》，可见他并不是不留心世务。他对于儒家的封建伦理标准极力支持。[4] 我们不能设想剥削阶级当权派的何晏，他会崇尚脱离实际的虚无，对政治不发生兴趣。这是不合事实的。

曹爽失败，司马懿命何晏治曹爽之狱，他竟"穷治

---

[1]《文选》何晏《景福殿赋》。

[2]《为君难篇》。

[3]《臣不易篇》。

[4] "得其归，事虽殷大，可以一名举。总其会，理虽博，可以至约穷也。譬犹以君御民，执一统众之道也。"皇侃《论语义疏》引《论语·一以贯之章》注。

（曹爽）党与，冀以获宥"[1]。他在当政时曾强占洛阳官田以为私产，[2]当时负责管理洛阳官田的正是司马昭。这分明是对司马昭示威，表示他的"特权"。何晏为吏部尚书时请人卜卦，占卜能否做到"三公"[3]，平日"好服妇人之服"[4]，又"耽好声色，始服五石散""以济其欲"[5]。

何晏的贪财、好色，作威作福，[6]乃是一切堕落的剥削阶级共有的特性。现在应指出的乃是何晏的"无为"，不是汉以来的黄老之学的"清静无为"，而是儒、道兼综的，大

---

[1]《魏书》卷九引《魏氏春秋》："初宣王（司马懿）使何晏典治爽等狱。晏穷治党与，冀以获宥。宣王曰：凡有八族。晏疏丁、邓等七姓。宣王曰：未也。晏穷急，乃曰：岂谓晏乎？宣王曰：是也。乃收晏。"

[2] 见《三国志·魏书》卷九。

[3]《魏书·管辂传》。

[4]《晋书·五行志》。

[5] 五石散是带有毒性的刺激性的补药。《世说新语·言语篇》引《寒石散论》："寒石散之方，虽出汉代，而用之者寡，靡有传焉。魏尚书何晏首获神效，由是大行于世，服者相寻。"

[6]《魏书》卷九："晏等与廷尉卢毓素有不平。因毓吏微过，深文致毓法，使主者先收毓印绶然后奏闻。"

臣专权、人君拱默的"无为"。他的政治理论,恰恰是为其政治利益服务的。

王弼是一个早慧的天才思想家,死时才二十四岁,注有《易》及《老子》。他的世界观与政治学说与何晏相同。他是地主阶级中的不当权派,因他与何晏的政治见解一致,所以特被何晏所赏拔。王弼与何晏遂常并称为"王何"。王弼发展了魏初的形名家的思想,建立了他的唯心论的哲学体系,并提出了他的政治理论。他以为政治、"名教"是"自然"的必然的产物:

> 朴、真也,真散则百行出……圣人因其分散,故为之立官长。(《老子》二十八章注)
>
> 始制官长,不可不立名分以定尊卑……过此以往,将争刀锥之末。(《老子》三十二章注)

他虽然以为政治的最高原则是"无为"(即自然),而在实际政治上,他所尊奉的理想人物是孔子而不是老子。[1]

何劭所作《王弼传》引弼见裴徽事(见《魏书·钟会传》裴注,《世说新语·文学篇》亦载此事,但文小异),曰:

> (裴徽)问弼曰:夫无者,诚万物之所资也。然圣人莫肯致言,而老子申之无已者何?弼曰:圣人体无,无又不可以训,故不说也。老子是有者也,故恒言无(据《世说》,无字是其字之误)所不足。

从以上的问答可见王弼认为孔子比老子高明。裴徽说"夫无者,诚万物之所资",想见把"无"看作天地万物最后的根据,已成为王、何时代相当流行的学说,并为多数学者所承认。只是通过王、何有系统地倡导,又通过《易

---

[1] 《弘明集》周颙《答张长史书》:"王、何旧说,皆云老(子)不及圣。"

注》与《老子注》两书的传播,才能够使这种学说"倾动当时""遂成风俗焉"[1]。

不难看出王弼尊孔子为圣人,援老子学以入儒的政治意图。他一方面要端正封建的伦理名分,另一方面又要主张君主拱默无为,对于严刑、峻法的干涉政治提出指责:

> 甚矣,害之大也,莫大于用其明矣。
> 夫以明察物,物亦竞以其明应之。以不信察物,物亦竞以其不信应之。
> 若乃多其法网,烦其刑罚,塞其径路,攻其幽宅,则万物失其自然,百姓丧其手足。鸟乱于上,鱼乱于下。(《老子》四十九章注)

这也正反映了曹魏专制政权下,一些贵族特权阶级的

---

[1]《晋书》卷四三《王衍传》。

要求。因此，在《老子注》中，王弼一再强调"因而不为"的政治主张。他的"因"，并不是远法尧舜，而是因顺自然，少用刑罚干涉。他的因顺自然，却又不能背叛名教。[1] 他以儒家的圣人不得行其道而表示惋惜[2]，对于实际政治，他主张安静不扰[3]，以自然为榜样[4]。

王弼对于君道主张"无为"，臣道则主张明哲保身，他在《论语释疑》中说：

> ……择地以处身，资教以全度者也，故不入乱人之邦。圣人通远虑微，应变神化，浊乱不能

---

[1]《易·鼎卦》注："去故取新，圣贤不可失也。"又《讼卦》注曾引《论语》无讼的说法，又加以申明："无讼在于谋始，谋始在于作制……物有其分……职不相滥，争何由兴？"

[2]《易·乾卦》注："文王明夷，则主可知矣；仲尼旅人，则国可知矣。"

[3]《易·屯卦》注："夫息乱以静，守静以俟，安民在正，弘正在谦。屯难之世，阴求于阳，弱求于强，民思其主之时也。"

[4]《易·观卦》注："不见天之使四时，而四时不忒；不见圣人使百姓，而百姓自服也。"

污其洁，凶恶不能害其性。

君主无为，大臣专政，势必引起大臣间的势力倾轧，有斗争，有成败，有死生，其中充满了"危机"。由于当时政权争夺的激化，大臣专政成功了，固然能带来"富贵"，一旦失败，连做"富家翁"也不可得，因此，在患得患失的严重情势下，使他们产生了人生忧患之感。何晏诗："常恐夭网罗，忧祸一旦并。"此种人生忧患之感，在王弼思想中有更多的反映。

> 既失其位，而上近至尊之威，下比分权之臣，其为惧也，可谓危矣。唯夫有圣知者乃能免斯咎也。（《易·大有》注）

> 处天地之将闭，平路之将陂，时将大变，世将大革，而居不失其正，动不失其应，艰而能贞，不失其义，故无咎也。（《易·大有》注）

王弼时代的司马氏的政治势力已成为曹魏政权的敌对

力量。比较有名望、有地位的地主阶级知识分子面对着大变革的前夕，不得不选择他们的政治道路，一旦失足，立招祸灾。有地位、有名望的地主阶级知识分子不同于平民，他们不能隐居，也无法逃避，也不能中立，阶级利益迫使他们不能完全站在政治斗争之外。王弼一方面要依附何晏以希求富贵；另一方面却也深刻地认识到斗争中所带来的灾害。他处在"君子道消之时"，亲身感到"天地之将闭，平路之将陂，时将大变，世将大革"，而希望"居不失其正，动不失其应"，怎能不深感"心存将危"，以求"免斯咎"呢？

王弼的政治思想，通过《易注》与《老子注》产生了广泛的影响，并不是由于他"天姿神迈""独标悬解"，乃是因为他所说出的道理，他的忧患之感不限于他个人的身世的安危，而是正始时代许多地主阶级知识分子在统治集团内部的倾轧斗争中的共同感受。所以王、何的"无为"学说能够"倾动当时"，使天下"后进之士，莫不晏慕仿效"。王弼在《周易略例·明卦适变通爻》中说："夫时有否泰，故用有行藏。""动静有适，不可过也。犯时之忌，罪不在大。失其所适，过不在深。"

这不是当时多数地主阶级知识分子的同感吗？他们怎能不为王弼的学说所慑服呢？王弼自己的处世之道，也正是当时的地主阶级自处之道。教人考虑"处君子道消之时，己居尊位，何可以安？故心存将危，乃得固也"[1]"夫有圣知者乃能免斯咎也"[2]。

王弼的政治地位与何晏不同。何晏的地位，使他不得不采取"进攻"的方式，而王弼并未握有政治实权，因而王弼在实际政治斗争的具体问题上，所采取的态度也与何晏不同。王弼主要在于依附何晏的势力以求保存本阶级及个人的利益，即使"动天下，灭君主而不可危也"[3]。像这种轻视君主、重视个人的政治思想，不但为汉儒所不敢说，且更为宋儒所不敢想。只要不影响自己的利益和安全，"动

---

[1]《易·否卦》注。
[2]《易·大有》注。
[3]《周易略例·明卦适变通爻》。

天下""灭君主"都无所谓。这也可以看出魏晋时期的地主阶级基本上控制着上层统治集团,所以他们对君主不存有过多的依赖,相反地,皇权的转移倒要先取得他们的支持。这一历史特点,通过王、何的政治学说得到鲜明的反映。

其后,司马氏逐渐进一步专权,已面临篡魏的前夕,政权争夺比正始时代更加尖锐,对异己者的杀戮更加残酷,对中立分子的争取也更加激烈。这时的思想家所表现的政治思想不得不再起变化。

五 以嵇康、阮籍为代表的"名教"与"自然"对立的政治的意义

正始中,曹魏宗室贵族害怕司马氏在豪门世族中有威信,又怕他们篡夺政权,于是曹爽、何晏等力图消灭司马氏的势力,但未能成功,从此曹魏的政权开始溃败。

249年,司马懿杀曹爽、何晏、桓范、丁谧、邓飏等八族;

251年,司马懿杀王凌及白马王曹彪;

254年，司马师杀夏侯玄、李丰，废齐王曹芳；

258年，司马昭杀毋丘俭、诸葛诞；

260年，司马昭杀高贵乡公曹髦；

262年，司马昭杀嵇康、吕安；

265年，司马炎篡魏，西晋建国。

司马懿自杀曹爽起，开始有计划地逐步剪除曹魏政权核心集团的势力，十余年后，终于夺取了曹魏政权。他们采用的方式和四十五年前曹魏代汉的方式一样。所应注意的是，自曹叡（明帝）死后，曹魏政权开始变质，已成为亲贵专政的局面，一切措施已完全不同于曹魏初期提拔中小地主阶级，打击豪门世族的政策，而成为新兴贵族的统治机构。司马氏当权后，更进一步在法律上保证了豪门世族的利益，打击曹魏集团的新贵族。因此，司马氏与曹魏的政权争夺的斗争，应当看作是政治派系之间的斗争，是腐朽的统治阶级内部的派系斗争。

以嵇康、阮籍为代表的政治思想，乃是司马氏与曹氏两大政治势力斗争中的产物。在军事和政治方面，司马氏都占有绝对的优势；但在儒家名教及传统封建道德方面，司马氏显然处于劣势。在封建社会中，无论如何"篡位""弑君"总是喊不响的口号。司马氏夺取政权的成败，首先决定于当时豪门世族的向背，其次还需要当时负有声望的名士的舆论的支持。[1]司马氏要尽力笼络当时的地主阶级知识分子，即所谓"名士"，使他们为自己服务。这些名士对司马氏的强取豪夺的办法怀着隐忧，他们有社会地位及学术地位，而没有经济实力和政治特权。由于这一阶层的实力薄弱，他们不同于王弼、何晏的"无为"的大臣专权的理论；他们也反对以强凌弱的行为。[2]同时在夏侯玄、曹爽、何晏时代，曹魏政权已开始变质，已不再是充分代表中小地主阶级利益的政权机构；而司马氏的政权又明显

---

[1]《晋书·阮籍传》："帝（司马昭）让九锡，公卿将劝进，使籍为其辞。"又《晋书》卷四九《向秀传》："（嵇）康既被诛……文帝（司马昭）问曰：'闻有箕山之志，何以在此？'秀曰：'以为巢、许狷介之士，未达尧心，岂足多慕？'帝甚悦。"

[2] 阮籍《大人先生传》："强者不以力尽，弱者不以迫畏。"

地代表豪门世族集团的利益。阮籍、嵇康虽有自己的政治主张和要求,却找不到实现自己的政治诉求的力量。阮籍于254年,即司马师废曹芳立曹髦的次年,作《首阳山赋》以伯夷、叔齐自况。这也说明他的政治立场的矛盾,他认为司马代魏和武王伐纣差不多,不过是"以暴易暴"。当时曹魏最高统治集团政权已没有中小地主插足的余地,使他们失望。改朝换代,他们更不赞成。其中有些人由于家族及其他社会关系被列入曹魏集团(如嵇康、夏侯玄就属于这类人物),他们所最关心的是本阶级的长远利益和本身的安全。与阮籍、嵇康对立的另一派名教维护者,是豪门世族拥有经济和政治特权的一派,他们更关心当前具体的切身经济和政治特权。他们不惜抛开封建社会的主要支柱之一——忠,来满足自己的利益。他们"义愤填膺"地骂阮籍、嵇康的不孝,同时却鬼鬼祟祟地"阴谋废立"。在阮、嵇的眼中,这些当权派的所谓维护名教,事实上恰恰在是挖封建制度的墙脚。阮籍、嵇康知道封建伦理制度的败坏,将会给封建地主阶级带来灾害,封建社会最需要的乃是上下尊卑的等级制度，必须用名教、上下等级限制，来保障经济的剥削制度。嵇康、阮籍这些人都是关心名教的。[1]

嵇康《与山巨源绝交书》："又每非汤、武而薄周、孔，在人间不止此事，会显世教所不容。"正是反对假礼教，反对篡位。[2]他们是名教的维护者。[3]阮籍、嵇康的维护名教，在于维护封建社会所必不可少的上下之序。代表豪门世族的当前利益的名教维护者，像王祥、何曾等参加了篡魏阴谋的，相传"性至孝，闺门整肃""年老之后。与妻相见皆

---

[1] 阮籍《乐论》："刑弛则教不独行，礼废则乐无所立。尊卑有分，上下有等，谓之礼；人安其生，情意无哀，谓之乐。""礼逾其制则尊卑乖……乐化其内，礼乐正而天下平。"

[2] 曹丕篡汉后，曾说："舜、禹之事，吾知之矣。"

[3] 鲁迅《而已集·魏晋风度及文章与药及酒的关系》："非薄汤、武、周、孔，在现时代是不要紧的，但在当时却关系非小。汤、武是以武定天下的；周公是辅成王的；孔子是祖述尧、舜，而尧、舜是禅让天下的。嵇康都说不好。那么，教司马懿篡位的时候，怎么办才是好呢？没有办法。在这一点上，嵇康于司马氏的办事上有了直接的影响，因此就非死不可了……魏晋是以孝治天下的……为什么要以孝治天下呢？因为天位从禅让，即巧取豪夺而来，若主张以忠治天下，他们的立脚点便不稳，办事便棘手，立论也难了。所以一定要以孝治天下。"

魏晋玄学中的社会政治思想和它的政治背景

正衣冠,相待如宾"。司马氏的"开国元勋"王祥,更是天下闻名的"孝子","王祥卧冰"成为后来封建统治者所宣传的"二十四孝"中第一个标本。何曾即主张把阮籍这些人"宜摈四裔,无令污染华夏"[1]。

阮籍不许他的儿子学他的"旷达",理由是"仲容(阮咸)已豫吾此流,汝不得复尔"[2]。嵇康教训他的十岁的儿子的做人的道理,尽是一些儒家老生常谈中的中庸之道[3]。这

---

[1]《晋书》卷三三:"时步兵校尉阮籍负才放诞,居丧无礼,(何)曾面质籍于文帝座曰:'卿纵情背礼败俗之人,今忠贤执政,综核名实,若卿之曹,不可长也。'因言于帝(司马昭)曰:'公方以孝治天下,而听阮籍以重哀饮酒食肉于公座,宜摈四裔,无令污染华夏。'帝曰:'此子羸病若此,君不能为吾忍邪?'曾重引据,辞理甚切。"

[2]《晋书》卷四九本传。

[3] 鲁迅《而已集·魏晋风度及文章与药及酒的关系》:"他(嵇康)在《家诫》中教他的儿子做人要小心,还有一条一条的教训。有一条是说长官处不可常去,亦不可住宿;长官送人们出来时,你不要在后面,因为恐怕将来官长惩办坏人时,你有暗中密告的嫌疑。又有一条是说谦饮时候,有人争论,你可立刻走开,免得在旁批评,因为两者之间必有对与不对,不批评则不像样,一批评就总要是甲非乙,不免受一方见怪。还有人要你饮酒,即使不愿饮也不要坚决地推辞,必须和和气气地拿着杯子。"

些"旷达"的名士,处在当时政权争夺激烈的情况下,又亲见"天下名士少有全者",他们一方面要表示政治态度和意见,一方面又要避免因此招来灾祸[1],便假借老、庄的放达和老、庄的政治社会学说以抨击当权派腐朽的、虚伪的名教和政治。他们的政治思想,外貌上像是老、庄思想的再现,实质上倒是儒家思想的变种。这种趋势,在王弼、何晏的政治思想中已具有萌芽,在嵇康、阮籍的政治思想中得到发展。王弼认为"名教"是"自然"必然产生的结果。名教既已产生了,那么礼、乐、刑、政也还是不可缺少的,只要安排得宜,以自然无为为榜样,倒也是必需的。

嵇康、阮籍所处的时代和情况与王、何所处的正始时代不同。他们感到政治上扮演的舜、禹禅让的怪剧又要重演,他们反映了一般未享有特权的中小地主阶层的要求,

---

[1]《魏书》十八《李通传》注引王隐《晋书》:"(司马昭说)天下之至慎,其惟阮嗣宗乎?每与之言,言及玄远,而未曾评论时事、臧否人物。真可谓至慎矣。"

他们不主张改朝换代，改朝换代对于整个地主阶级的利益是不利的。嵇康"非汤、武而薄周、孔"，表示他不满意当时司马氏的政治阴谋，又不敢公开反对，只能以消极的讽刺和佯狂的行为表示他们软弱的抗议。[1] 如果因此而认为嵇康、阮籍忠心耿耿，心存魏室，这是不合乎事实的；因此而认为他们真正旷达超俗，不涉世务，也是与实际情况不符的。

阮籍《大人先生传》说："昔者天地开辟，万物并生，大者恬其性，细者静其形……明者不以智胜；黯者不以愚败。强者不以力尽，弱者不以迫畏。盖无君而庶物定，无臣而万事理。"一切政治措施，应当以自然为范本。天地是自然而然的，至于人为的政治和社会只能给人带来灾害，不能给人以幸福。

---

[1]《晋书》卷四九本传："有司言有子杀母者，籍曰：'嘻！杀父乃可，至杀母乎？'坐者怪其失言。帝曰：'杀父天下之极恶，而以为可乎？'籍曰：'禽兽知母而不知父。杀父，禽兽之类也。杀母，禽兽之不若。'"

> 君立而虐兴，臣设而贼生，坐（按："坐"即凭空、无故）制礼法，束缚下民。(《大人先生传》)

这是社会有了君臣制度以后，给人们带来的灾害。

> 尊贤以相高，竞能以相尚，争势以相君，宠贵以相加，驱天下以趋之，此所以上下相残也。(《大人先生传》)

这是社会上有了所谓道德、有了所谓贵势以后给人们带来的灾害。

> 竭天地万物之至，以奉声色无穷之欲，此非所以养百姓也。于是惧民之知其然，故重赏以喜之，严刑以威之。财匮而赏不供，刑尽而罚不行，乃始有亡国戮君溃败之祸。(《大人先生传》)

这是严刑重赏的统治制度给人们带来的灾害。

> 咸以为百年之生难致，而日月之蹉无常，皆盛仆马，修衣裳，美珠玉，饰帷墙，出媚君上，入欺父兄，矫厉才智，竞逐纵横。家以慧子残，国以才臣亡。(《达庄论》)

这是恃才逞智，追求富贵享乐生活所带来的亡国破家的灾害。

同样的见解，也表现在嵇康的思想中：

> 圣人不得已而临天下，以万物为心……穆然以无事为业，坦尔以天下为公。虽居君位、飨万国，恬若素士接宾客也……岂劝百姓之尊己，割天下以自私，以富贵为崇高，心欲之而不已哉？(《答向子期难养生论》)

嵇康指出，由于争政权的贵族们为了"割天下以自私"，"心欲之而不已"，其结果必致：

> 君位益侈，臣路生心……赏罚虽存，莫劝莫禁……刑本惩暴，今以胁贤。昔为天下，今为一身。下疾其上，君猜其臣。丧乱弘多，国乃陨颠。（《太师箴》）

理想的政治应当：

> 崇简易之教，御无为之治，君静于上，臣顺于下……群生安逸，自求多福，默然从道，怀忠抱义，而不觉其所以然也。（《声无哀乐论》）

这一时期的思想家，深切感到名教与自然的对立，他们重新估价人类社会组织和政治机构的实际价值。但并不能因此就认为阮籍、嵇康具有无政府主义思想。他们尽管对当前的政治不满、失望，且有所指责，但他们所向往的也还是"庶物定""万事理"的社会。合乎封建秩序的社会才不会发生"媚君上""欺父兄"的反常事件。地主阶级的本质促使他们不能离开封建剥削的统治秩序和封建剥削的伦理道德。他们生怕"德法乖易，上凌下替，君臣不制"[1]的混乱现象。"上凌下替"的政治是不好的，若能顺乎自然，合乎天道的功名富贵也未尝不是好事，[2] 中庸的政治也还是好的；[3] 刑罚不必全废，[4] 贵贱不可易位；[5] 儒家的"名教"与道家的"自然"在实质上并不是对立而不相容的。[6] 最后，

---

[1] 阮籍《通易论》。

[2] 阮籍《通易论》："应时，故天下仰其泽；当务，故万物恃其利。泽施而天下服，此天下之所以顺自然、惠生类也。富贵侔天地，功名充六合，莫之能倾，莫之能害者，道不逆也。"

[3] 《通易论》："阳刚凌替，君臣易位，乱而不已，非中之谓。"

[4] 《通易论》："刑设而不犯，罚著而不施。"

[5] 《通易论》："圣人以建天下之位，守尊卑之制。""在上而不凌乎下，处卑而不犯乎贵。故道不可逆，德不可拂也。"

[6] 阮籍《达庄论》："六经之言，分处之教也；庄周之云，致意之辞也。"

达于"自然"必能"通于治化"。[1]

嵇康与阮籍，曾以激愤的心情揭露了当时腐朽黑暗的政治。在指责统治阶级当权派的同时，曾提到"百姓"的利益。在魏晋玄学家的政治思想中，主要的是统治阶级内部的纷争，他们把问题集中在自己和本阶级的要求上，很少想到过"百姓"。阮籍、嵇康的最终目的固然在于如何统治百姓，而不是为了百姓的利益。然而，通过他们，说出了一些百姓的要求，也还是有其进步意义。

嵇康与山巨源绝交，正说明他自己知道以他与曹魏有亲戚关系，他的地位与何晏相似，自知不能免祸，因而坚决站在曹魏一边，结果只有被杀。阮籍虽然苦心地企图避免沾染上司马集团的色彩，而事实上他不得不"求为东平相"，不得不替郑冲起草劝进表。嵇康与阮籍有着相同的维护名教的政治思想，但在政权争夺的斗争中，采取了不同

---

[1] 阮籍《通老论》："圣人明于天人之理，达于自然之分，通于治化之体，审于大慎之训，故君臣垂拱，完太素之朴；百姓熙怡，保性命之和。"

的态度,得到不同的结果。他们两人的前途,也正是当时一般地主阶级的知识分子必须选择的两种前途。他们的苦闷和矛盾,也说明了儒家的封建伦理的忠君这一概念的欺骗性和对于现实政治的妥协性。司马氏夺魏政权,算是不忠,那么魏的政权的建立是否真正"应天顺人"呢?作为儒家思想的崇拜者,他们是没有勇气来正视这一现实问题的。他们真正关心的,并不是什么皇室的正统,乃是谁能满足他们眼前的经济利益和谁能保证他们长远的利益。嵇康终归惨死,阮籍流于媚俗,他们两人在实际政治中深感进退失据,正说明儒家社会伦理观念的妥协性和欺骗性。

不久,司马氏篡夺了曹魏政权,虽然当时名教中人认为有些难于为司马氏辩解,但毕竟给后来的地主阶级的知识分子解决了这样为了维护"名教"而陷入进退失据的困难。只要过了一个时期,儒家学者自然会"追认"晋为"正统",谁要破坏这个封建剥削的"正统"的机构,那就是"名教罪人"。此后的玄学思想中的政治理论的任务,又转入了新的阶段,开始歌颂新王朝的封建统治秩序了。

六　以向秀、郭象为代表的"名教"即"自然"的政治意义

西晋的政权是保护豪门世族利益的机构，西晋的豪门世族的经济利益在司马氏政权下得到了相当的发展，他们有了坚固的经济基础，有了政治上的特权，在农民运动低潮时期，他们自以为可以高枕无忧，从而他们的生活也就加速地腐化着。

当时从皇帝到豪门士族，都过着荒淫的[1]、放纵的[2]、虚

---

[1] 《晋书·胡贵嫔传》："时（武）帝多内宠，平吴之后，复纳孙皓宫人数千，自此掖庭殆将万人。"
[2] 《晋书·五行志》："惠帝元康中，贵族子弟相与为散发裸身之饮，对弄婢妾。"

伪的[1]、悭吝刻薄的[2]、极度豪奢的[3]、以残忍为豪华的[4]、口头清高、行为卑鄙的[5]、懒惰透顶的[6]腐朽生活。

当时的豪门世族的主要组成分子，就是这一批腐化、

---

[1]《晋书·阮咸传》，阮咸当时被认为"贞素寡欲""万物不能移"。而这位"贞素寡欲"的名士，却"幸姑之婢"。王衍风标秀美，为人望所归，是西晋的重臣，特权阶级。及被石勒所俘，自称"少不豫事"，劝石勒为帝。

[2]《晋书·王戎传》："性好兴利，广收八方，园田水碓，周遍天下，积实聚钱，不知纪极。每自执牙筹，昼夜算计，恒苦不足。"这就是列名"竹林七贤"的王戎。

[3]《世说新语·汰侈篇》："王君夫以饴糒沃釜，石季伦用蜡烛作炊。君夫作紫丝巾步障、碧绫裹四十里，石崇作锦步障五十里以敌之。石（崇）以椒为泥，王（君夫）以赤石脂泥壁。"

[4]《世说新语·汰侈篇》："石崇每要客燕集，常令美人（即奴隶）行酒，客饮酒不尽者，使黄门交斩美人。"

[5] 西晋大文学家潘岳曾作《闲居赋》，企慕隐逸；而潘岳为人，却如《晋书》卷五五所说的："岳性轻躁，趋世利，与石崇等谄事贾谧（按：贾谧为贾充的嗣子，当权有势），每候其出，与崇辄望尘而拜。"晚唐诗人李义山曾有诗嘲潘岳："今人若读《闲居赋》，不信当年拜后尘。"

[6]《世说新语·汰侈篇》载，王济宴客，"并用琉璃器，婢子百余人，皆绫罗绮䌷，以手擎饮食"。他们为了吃饭方便，用人作为"流动的桌面"。有些大官僚地主不但用奴隶替他抄书、做生意，而且用奴隶替他做文章。(《全晋文》卷三三石崇《奴券》)

享乐、无耻的人物。而司马氏政权就是为这些豪门世族的利益服务的。向秀、郭象的社会政治理论也正是为这一腐朽透顶的阶级服务的。

在统治集团内部斗争尖锐时，士大夫有的被杀了，有的软化了，也有的完全站到司马氏这一方面来为司马氏政权服务。向秀、郭象的《庄子注》，就是反映西晋时期地主阶级当权派政治思想的著作。他们的思想不同于王、何的主张有生于无、名教出于自然；也不像阮籍、嵇康等人面对着"名教"与"自然"的对立感到困惑；他们企图在理论上证明，名教与自然是一致的，政治本身就是天道的表现。自然与名教不仅不互相排斥，而且这两者之间，也没有高下的分别。相反地，他们反以为只有通过实际的政治活动，才可以更圆满地表现出自然（天道）来。

魏晋以来经过几十年的太平日子，这些豪门世族、达官贵族，过着放纵的、颓废的物质享乐生活。他们堕落到连卫护他们的剥削利益的儒家思想也不愿接受。因为儒家思想，为了地主阶级的长远利益，有时对于地主阶级的局部利益有些妨害。这正是王弼、何晏以来对儒、道二家苦心调和的原因，也是阮籍、嵇康这一派人对于名教的败坏引为隐忧的原因。

这些地主阶级的知识分子，虽有各种互相差异的学说，但他们维护封建制度、压迫农民的立场总是一致的，所以他们那样看重名教的地位（表面上是以道家思想为主）。

向秀、郭象的政治学说，在于替当时地主阶级当权派、替豪门世族寻找人剥削人的理论根据。

郭象出身于寒门，"少有才理，好老庄，能清言。太尉王衍每云，听象语如悬河泻水，注而不竭"。"东海王越引为太傅主簿，甚见亲委，遂任职当权，熏灼内外，由是素论去之。"（《晋书》卷五〇）郭象著有《庄子注》，与向秀《庄子注》文义相同。相传郭象把向秀的《庄子注》"窃以为己注"。郭象时代稍后于向秀，他与王衍同被石勒俘虏过。他是否窃取向秀的《庄子注》，在这里不是主要的问题，主要的看他在《庄子注》中所反映的思想。

向、郭出身寒微，他们不像当时的豪门世族那样容易做官,所以向、郭把做官看得很重要。[1]他们二人都是热衷于富贵功名的。向秀在难嵇康的《养生论》中说:"或睹富贵之过,因惧而背之,是犹见食之有噎而终身不餐耳。"[2]他把富贵看得和吃饭同样重要,成为他不可少的东西。

向秀、郭象给司马氏的篡魏行动找到理论上的根据:

> 夫禹时三圣相承……故考其时,而禹为最优。计其人则虽三,圣故一尧耳。时无圣人,故天下之心,俄然归启。夫至公而居当者,付天下于百姓,取与之非己,故失之不求,得之不辞……是以受非毁于廉节之士,而名列于三王,未足怪也。(《天地篇》注)

---

[1] 左思《咏史诗》:"郁郁涧底松,离离山上苗,以彼径寸茎,荫此百尺条。世胄蹑高位,英俊沉下僚。地势使之然,由来非一朝。"

[2] 向秀《难嵇叔夜养生论》。

这正是说，尧、舜、禹政权的转移，出于自然，"失之不求，得之不辞"，虽然遭到一些廉洁之士的诽谤，而不能影响尧、舜的为"圣人"。

禹为什么"最优"呢？因为禹把禅让得来的天下传给自己的儿子，正是他的"大公无私"。这是司马氏多么需要的理论！汉、魏、晋掠夺式的禅让都是以尧、舜、禹作为根据的。[1]

向、郭的政治思想主要有以下四点：

第一，"名教"即是"自然"，甚至名教正是最能反映"自然"的工具。

《庄子·逍遥游》（藐姑射之山有神人居焉）注：

> 此皆寄言耳。夫神人即今所谓圣人也。夫圣人虽在庙堂之上，然其心无异于山林之中，世岂

---

[1]《魏氏春秋》："帝（曹丕）升坛礼毕，顾谓群臣曰：'舜、禹之事，吾知之矣。'"

识之哉？徒见其戴黄屋、佩玉玺，便谓足以缨绂其心矣；见其历山川、同民事，便谓足以憔悴其神矣。岂知至至者之不亏哉？

这里说得多么巧妙！他们把势欲熏心、热衷于腐朽享乐生活的剥削阶级的丑恶面目盖上一层美丽的面纱！地主阶级，特别是魏、晋时代的大地主阶级，有多少身居庙堂之上的"圣人"都借这些冠冕堂皇的词句来掩饰自己的腐朽。而《庄子注》却狡猾地完成了这一恬不知耻的欺骗任务。他们把名教与自然，讲成一体的两方面：

夫理有至极，外内相冥。未有极游外之致而不冥于内者也……故圣人常游外以弘内，无心以顺有。故虽终日挥形，而神气无变，俯仰万机，而淡然自若。（《大宗师》注）

王、何、嵇、阮以来的一些理论，都多少使那些身居庙堂,"戴黄屋、佩玉玺"的"圣人"对于那些真正山林中的人物内怀"惭德"。向、郭的理论给当时那些享乐无耻的贵族当权派找到了理论的根据。既有清高之名,又得享乐之实。这正是当时剥削阶级最需要的理论。

第二,一切现存的事物都是合理的、必须存在的,政治机构、社会组织也是如此。

魏、晋时代的任何玄学家的政治思想,都或多或少地对当前的实际表示过不满,表示应当作某种改善。尽管他们提出改善当前政治的目的并不是为了人民,而是为地主阶级自己的安全和利益。但要求改革政治中某些不合理的现象,在客观上总对人民有一定的好处。而向、郭对当前实际政治认为不但不需要改革,并且歌颂它的尽美尽善。认为一切存在的都是合理的:

> 故天地万物,凡所有者,不可一日而相无也。一物不具,则生者无由得生。一理不至,则天年无缘得终。(《大宗师》注)

既然凡所有者，不可一日而相无，则任何企图对现状的改革都是多余的。把这种观点用来对待社会现象，构成了他的极端反动的政治理论。照郭象的看法，既然一切存在的东西是应当存在的，所以他就可以无耻地证明像西晋那样荒淫无耻的贵族，敲骨取髓的剥削，强取豪夺的政权争夺，却势必"不可一日而相无"，缺了这些罪恶的东西，甚至就会活不下去！

第三，上下之分是自然的，所以也应各安其本分。

封建社会的地主阶级在任何时候都不能离开儒家思想。正如毛泽东同志所说的封建社会的四大绳索（见《湖南农民运动考察报告》），它是跟儒家的伦理道德、政治制度分不开的。封建社会必须维持的，就是保护地主阶级土地所有制和这种所有制所必需的统治秩序。

在魏晋玄学思想中各个思想发展的阶段，尽管有"名""法""道"家占优势的表面现象，但骨子里都不能不以儒家封建的伦理观念作为基础。郭象为了当时的腐朽的豪门世族的利益，把人压迫人的不合理关系，解释为"出于自然"。他给人为的压迫秩序,找到"天理"作为根据。[1]他认为既然生在头的地位,只能做头,只能在上;既然生在足的地位,只能在下,这没有什么可怨的。既然生来是臣妾的材料,就应当服服帖帖当奴才,还有什么可说的?这种"自然"的观点,反映了当时门阀世族统治下的上下尊卑的剥削制度所谓名教、伦理的实际意义。

> 夫任自然而居当,则贤愚袭情,而贵贱履位。君臣上下,莫非尔极,而天下无患矣。(《在宥》注)

上下相维系的统治关系,既然是出于自然,所以国家"须圣道以镇之"。王弼、何晏为豪门世族的利益提出与君

---

[1] "臣妾之才而不安臣妾之任,则失矣。故知君臣、上下、手足、外内乃天理自然,岂真人之所为哉?""夫时之所贤者为君,才不应世者为臣,若天之自高、地之自卑、首自在上、足自居下,岂有递哉?"(《齐物论》注)

主分享政权的主张，而向、郭的政治理论却在于证明统治阶级的一切都是合理的；王弼、何晏反对以智治国，反对刑法，郭注却以为圣道不可无，圣知不可去。

> 群知不亡而独亡圣知，则天下之害又多于圣矣。然则有圣之害虽多，犹愈于亡圣之无治也。虽愈于亡圣，故未若都亡之无害也。（《胠箧》注）

第四，无为而治。

郭象在《庄子注》中，提出了他的"无为"的政治观点。他歪曲地说，尧的以不治为治的特点，即在于他"治"天下，[1] 无为而治，不是"拱默乎山林之中，而后得称无为"。因此，"尧无对于天下，而许由与稷、契为匹矣"。"若乃厉然以独高为至，而不夷乎俗者，斯山谷之士，非无待

---

[1] "夫能令天下治，不治天下者也。故尧以不治治之，非治之而治者也。"（《逍遥游》注）

者也,奚足以语至极而游无穷哉?"(以上均见庄子《逍遥游》注)

尧、舜、汤、武都是无为,不过"随时而已",所以说:

> 居下者亲事,故虽舜、禹为臣,犹称有为;故对上下,则君静而臣动;比古今,则尧、舜无为而汤、武有事。然各用其性,而天机玄发,则古今、上下无为,谁有为也?(《天道篇》注)

这正是给司马懿到司马昭以至司马炎找到最堂皇、最响亮的辩护的理由。根据这种理由,他认为君主不能没有:

> 千人聚,不以一人为主,不乱则散。故多贤不可以多君,无贤不可以无君。此天人之道,必至之宜。(《人间世》注)

君的原则即无为。"君道逸，臣道劳"（《在宥》注），君臣都是"不为而自得"。君主的作用看不见，似乎非明王之功，"今之自得，实明王之功"（《应帝王》注）。同样"无为"一个名词，到了郭象手中即成为反人民的工具。郭象有意地歪曲庄子的原意，掩盖人剥削人的这一事实，甚至说，人剥削人，只要剥削者出于自然，不加勉强地剥削，被剥削者也出于自然地被剥削，"各安其分""各当其能"，这样，两方面（剥削者与被剥削者）就算都得到自由了。庄子分明反对人穿牛鼻、络马首，认为这是违反自然，不合理。郭象却认为人压迫人的制度正如人穿牛鼻、络马首是出于自然；同样地，马被络首、牛被穿鼻也是出于自然。双方相安，就可"各得其所"了。

郭象对司马氏的政权的"功德"，做出无耻的歌颂。这固然是郭象本人出身寒门，要想厕身贵族之列，不得不竭力向统治阶级当权派逢迎。但郭象的政治思想，却有其阶级根源。它充分反映了西晋初期，豪门世族阶层对司马氏政权的衷心拥戴，也说明了司马氏能够篡魏成功的原因。

我们必须透过这一思想的现象来认识当时腐朽透顶的豪门世族这一阶层的面貌和实质。

七　简单的结论

第一，魏晋玄学的社会政治思想是魏、晋时代农民革命低潮时期，封建地主阶级剥削、压迫农民的思想工具。不论它的理论多么玄远、超逸，它的实质是反人民的。其间虽然也有意见分歧，但那只是统治阶级内部的争论。

第二，魏晋玄学的发生发展的道路是环绕着魏晋时代中小地主阶层与豪门世族争夺政权的过程中进行的。从刘劭《人物志》到王弼、何晏的"无为"思想，可以看出当时中小地主政治实力的上升和取得政治特权后的堕落；从嵇康、阮籍的思想中，可以帮助我们了解中小地主阶层在豪门世族的压力下软弱的抗议和最后的屈服；从向秀、郭象的思想中，可以帮助我们了解豪门世族所需要的政治理论和它的反动的政治意义。

第三，儒家的社会伦理思想是中国封建统治者的文化支柱。只要地主阶级存在一天，它的根就会牢牢地插在地主阶级的土地里。"聪明"的中国封建地主阶级善于用儒家的社会伦理思想作为轴心，贯穿着不同时期的其他学派，如老庄之学、形名之学以及后来的佛教与道教，虽各有其独特的面貌，但绝不能违背儒家的社会伦理思想。

第四，中国古代地主阶级所谓"超俗""玄远"的封建道德，它实际上是剥削阶级骗人的道德。作为剥削阶级的道德品质，绝不会也不应当是超俗、玄远、对政治不关心的。封建剥削制度本身就是残酷的、现实的，它是在暴力（政权机器就是暴力的组织）支持下实现的。我们必须严肃地揭开它那虚伪的面纱，暴露魏晋玄学社会政治思想的残酷的实质。

第五，列宁教导我们，最新的哲学，也和两千年前的哲学一样，是有党性的。自以为超党派性的哲学，它实际上"只是可耻地掩饰着的对唯心论与信仰主义的奴颜婢膝而已"[1]。魏晋玄学思想正是以超党派的姿态出现的。这些魏晋玄学思想家把自己阶级的利益冒充为全民的利益,把自己的意识形态假冒为超阶级的全人类的意识形态。

最后应当指出,魏晋时代,由于地主阶级在进行剥削和从事战争、享乐的需要,而发展了科学。像数学、天文、音乐、文学、医药、机械力学、水利、冶金等科学都有极大的成就。这些科学的成就,不可避免地会影响到当时的哲学思想,因而构成当时哲学中唯物论和辩证法的因素,因不属本文论述的范围,不在这里阐述。

后记

本文只是从一个角度,就一个问题提出一些初步的看法。

何晏与王弼、嵇康与阮籍的社会政治思想并不完全相

---

[1]《唯物论与经验批判论》。

同。本文旨在以他们为代表来说明当时思想与政治的关系，所以对他们的思想未做细致的分析。魏晋时代关于"人性"的学说也是当时政治理论中的重要问题之一。对于这一问题须作多方面的深入研究才能说得明白，因此，本文只提到这个问题，未加申论。

"名教"与"自然"的概念贯穿着魏晋玄学中的政治问题。魏晋玄学家一致认为"自然"先于"名教"。他们在宇宙观方面反对目的论，在一定的程度上也与汉代王充以来的宿命论有所差别。他们在宇宙观方面虽然有唯物论的因素，但他们的社会政治观点与他们的宇宙观并不一致。这一问题也还要进一步研究。

和魏晋玄学发生、发展的同时，佛教思想在中国已较汉代得到更广泛的传播，道教的宗教思想体系也得到很大的发展。根据现有的材料，还没有发现佛教思想与道教思想对三国、西晋的玄学家有理论上的影响。因而在文章中没有涉及佛教与道教的思想。

为了说明魏晋时代唯物论思想的发展和它对唯心论的

斗争这一总形势,我们必须把魏晋玄学思想与当时的佛教和道教的思想一并考虑。这一巨大的工作现在刚刚开始,我们必须对这一时代的思想做更深、更广的研究。

如果只靠研究哲学史本身,企图解决哲学史中的问题,这是不够的,甚至不可能。哲学思想不是孤立的,我们哲学史研究的结果必须与它当时的经济、政治、文学、艺术、自然科学以及其他方面的研究成果相参验,才能做出比较符合事实的结论。

1953 年 5 月于北京大学

王弼『贵无』的唯心主义本体论*

*原载《北京大学学报》（人文版）1963年第3期。

王弼是魏晋玄学的开创者。他的哲学思想是曹魏政权日趋腐化时期门阀士族地主阶级的世界观。他是中国哲学史上影响较大的唯心主义哲学家。王弼吸取了两汉神学目的论与唯物主义自然论斗争失败的教训，开始抛弃神学的外衣，借用自然论的词句做掩饰，从各个方面论证精神性的本体是万物的根本。他虽不公开讲"神"，实际上，他的本体就是雕镂得比较精致的"神"，或者说是"神"的代用品。

王弼以后，许多重要的、欺骗性较大的唯心主义哲学家，基本上都不再采用有神论的形式，而是通过精致的哲学理论形式来传播唯心主义。唯心主义通过和唯物主义的斗争，变得更狡猾了，这一变化是从王弼开始的。

王弼提出了一系列的哲学范畴，如本末、动静、有无，他把问题集中到：有没有比客观具体事物更根本的"体"存在？王弼对于这个问题做了明确的、唯心主义的回答。

王弼还善于利用唯物主义在理论上的某些缺点，把它夸大篡改，变成为自己的体系服务的思想资料。他的《老子注》用唯心主义观点，通过对老子的词句的解释，向读者灌输了唯心主义观点，歪曲了老子的唯物主义哲学思想，给后来研究老子哲学的人制造了不少困难。

唯心主义的贵无论的产生

魏晋玄学无论从形式上和内容上都与两汉时期的哲学有显著的不同。这种改变，是时代必然的产物。

曹魏政权开始时是代表寒门庶族利益的，它在历史上曾起过进步作用。从曹操起，选拔寒门庶族人才，打击东汉以来世代享有特权的门阀士族地主阶级,对于发展生产、平息混战起了积极作用。但是曹魏王朝是镇压农民起义起家的,他们的政权中也有一些门阀士族地主参加进去,不久便开始腐化。这一原来代表进步势力的政治集团成了新贵族,他们背弃原来打击门阀士族地主阶级的政治路线,与当时另一派门阀士族的政治集团(司马氏一派)在政治上已没有差别。这两大集团的斗争已完全变成一个阶级内部的争权夺利的政治纠纷。所谓"正始玄风"[1],正是出现于曹氏政权与司马懿父子政治集团的政权争夺激烈的时候。在这一时期,双方领导者正处心积虑进行殊死的斗争,在哲学上却出现了"贵无""无为""以无为本"的学说。不难看出,这种"贵无""无为"的学说绝不可能是真正的"贵无""无为",对政治漠不关心,应当认为它和当时的政治斗争有着十分密切的联系。

---

[1] "正始"是魏齐王曹芳的年号(240—249),这时曹魏政权与司马氏政权争夺十分激烈。

当时曹氏政权已被少数当权的大臣，如曹爽、夏侯玄、何晏等人把持，他们讲的"无为"，已不同于汉初黄老之学的无为，与民休息，发展生产，是主张君主无为，大臣专政。

当时贵族们已完全沉醉在极端堕落腐化的生活中。魏晋玄学领袖何晏本人就是一个贪财、荒淫、作威弄权的贵族，[1] 他居然主张"反民情于太素"（《景福殿赋》），完全是为了替纵欲享乐做掩饰。他说，"道者，唯无所有者也""为民所誉则有名者也；无誉无名者也。若夫圣人，名无名，誉无誉"（《无为论》）。大意说一切事物和名誉本来都是虚无的，不必看得太认真。历史上曾有些进步思想家，以富贵、名誉为虚无，而看轻当权派、与当权派不合作。但是掌握政治实权，过着富贵奢侈的生活的当权派，把富贵、名誉说成虚无，这正是极端享乐、腐化的表现。

---

[1] "好服妇人之服"（《晋书·五行志》上），"耽好声色，始服五石散"，占洛阳官田为私产（见《曹爽传》）。

再从学术思想本身的发展来看,两汉神学唯心主义的目的论是通过经学而传播的。两汉经学所宣传的封建原则,也被用来作为地主阶级选拔人才的标准。经过汉末农民大起义的扫荡,东汉以来靠地方推举人才的察举制度也随着汉王朝的覆灭而结束。曹操提出了"用人唯才"的口号,实际上是打击东汉的豪门世族的政治垄断特权。当汉末时期,经学的末流之弊日益暴露出来:"一经之说,至百余万言"(《汉书·儒林传》),"说五字之文,至于二三万言"(《汉书·艺文志》)。作为统治人民的经学思想,发展到了烦琐支离,失去它的武器作用时,自然会被统治者放弃。

魏晋门阀士族地主阶级感到完全遵照儒家经典教条规定,对于违反封建社会起码的道德标准的行为,如杀死皇帝,夺取政权,不守纲常名教等行为有很多不便。当时的封建地主阶级希望能在古书中找到符合他们的行为的解释,作为建立他们的哲学体系的理论根据。他们经过探索,终于找到了《周易》《老子》《庄子》。《周易》和《老子》文约义丰,《老子》的消极无为方面以及《周易》的神秘主义,对他们都是有用的思想资料。《庄子》书中的不遣是非、蔑弃礼法的没落贵族的颓废意识，对于他们的放荡生活也有一定的支持作用。因而魏晋时期，这三部书成为知识分子的必读书，号称"三玄"。

但是封建地主阶级是不可能、也不敢废弃封建伦理、纲常名教的。如果完全抛弃了这些，地主阶级的统治就无法维持。各政治集团之间尽管进行着殊死的斗争，而双方都在利用纲常名教作为工具，以维护自己的利益。因此，忠、孝这些封建道德规范还必须给以足够的重视。孔子的学说在当时老、庄思想流行的时候，也未被忽视。

王弼以无为本的哲学体系的产生，还是有它深刻的社会根源。

第一，以无为本，在魏晋之际，已开始形成一种时代思潮。何劭的《王弼传》，曾引述王弼见裴徽的一段对话：

（裴徽）问弼曰："夫无者，诚万物之所资也。然圣人莫肯致言，而老子申之无已者何？"

裴徽开始便提出了当时社会公认的前提,"夫无者,诚万物之所资"。可以想见当时把"无"看作天地万物的最后根据的,不止裴、王两人,而是当时相当流行的学说,并为多数学者所承认。只是王弼更集中地组织成了自己的体系,把这一时代思潮更集中地表现出来。

王弼的回答,也很值得注意。他说:"圣人体无,无又不可以训,故不说也。"这里的"圣人"指的是孔子。孔子也被认为主张贵无,所以说"圣人体无",孔子完全能按照"无"的原则办事,口头上并不讲无。他们表面上尊奉孔子为圣人,但孔子之所以为圣人,在于他能"体无"。这与两汉时期的孔子、先秦时期的孔子不同了。

第二,当时贵无,主张以无为本,也反映了当时门阀士族地主阶级的要求,西晋时期的唯物主义哲学家裴頠曾经指出那些贵族们,"薄综世之务,贱功烈之用,高浮游之业,卑经实之贤。""立言籍其虚无,谓之玄妙;处官不亲所司,谓之雅远;奉身散其廉操,谓之旷达。"(《崇有论》)裴頠虽比王弼的时代晚了几十年,但所指责的社会现象可以代表当时那个历史时期的情况。《崇有论》中还指出："众家扇起，各列其说，上及造化，下被万事，莫不贵无。"裴頠还辨别老子的贵无，与当时贵无派的不同。可见"贵无"成为风气，是那些懒惰透顶，只会空谈，不理世务者的护身符。

第三，在政治斗争中，大臣贵族间互相倾轧，他们主张贵无，也反映了他们对时代的悲观、失望，逃避祸患的一个方面。王弼说："既失其位，而上近至尊之威，下比（靠近）分权之臣，其为惧也，可谓危矣。唯夫有圣知者乃能免斯咎也。"（《易·大有》注）又说："处天地之将闭，平路之将陂，时将大变，世将大革，而居不失其正，动不失其应，艰而能贞，不失其义，故无咎也。"（《易·泰卦》注）他们处在"君子道消之时"，已感到"天地之将闭，平路之将陂"（大的政治变乱就要发生了），而希望能小心地平安度过这一变革的关头，"居不失其正，动不失其应"，以求免于灾难。王弼的《老子注》和《周易注》，产生了广泛的影响，并不是由于他"天姿神迈""独标悬解",乃是由于他说出了当时门阀士族地主阶级以及他们的知识分子的忧患之感,并提出了如何应付这一时代的理论。无为的理论,有保全自己免于灾祸的指导意义,他说:"犯时之忌,罪不在大,失其所适,过不在深。"(《周易略例·明卦适变通爻》)为了保存门阀士族的既得势力,阶级特权,即使"动天下,灭君主而不可危也"(《周易略例·明卦适变通爻》)。像这种对于"动天下,灭君主"的大事都可以被认为无所谓。这正是门阀士族地主阶级的基本政治立场。这一时期的皇权是门阀士族地主阶级的工具。

王弼以无为本的客观唯心主义体系

唯物主义与唯心主义的斗争,在理论上后一时期总是较前一时期更为深化。双方互相继承他们前一时期的学说,并力图避免前一时期理论上的困难。魏晋玄学唯心主义是在两汉唯心主义目的论的基础上继续发展起来的。汉代唯

王弼"贵无"的唯心主义本体论

心主义目的论经过桓谭、王充的驳斥，在理论上已渐失势。魏晋玄学唯心主义必须改弦易张。汉代王充等驳斥目的论的理论武器为元气自然论，提出天道自然无为，无目的，无道德属性，认为事物的产生，完全是元气自然产生的。魏晋时期的唯心主义吸取了汉代唯心主义在斗争中失败的理论教训，建立了它的新体系。以王弼为代表的玄学贵无派，继承了两汉以来唯心主义的基本观点，却避免了两汉的目的论的形式，同时吸取了唯物主义学派如老子、王充等人的天道自然的思想，加以唯心主义的解释，篡改为唯心主义的天道自然无为的学说。王弼篡改老子的唯物主义哲学为唯心主义哲学，把老子的"有生于无"和"道在物先"的唯物主义命题，篡改为唯心主义的命题。

关于"有生于无"的问题，老子讲得很清楚，"无"是肉眼直接看不见的元气，是原始的"朴"，无是原始物质，而不是空无，不是精神。王弼利用了老子的某些词句，但是做了完全相反的解释，使《老子》书中的词句屈从于他的唯心主义体系。他说："道者，无之称也，无不通也,无不由也,况之曰道。寂然无体,不可为象。"(《论语释疑》)这是说,道是无,一切事物都要通过它(无不由),它自己是不具有任何质的规定性的。称它为"道"只是一种比喻,它自己是"无体""不可象"的。王弼又说:"道无形,不系,常不可名,以无名为常,故曰道常无名也。"(《老子》三十二章注)这是说,道是无形的,又是不固定的,不可言说的。经过王弼篡改后的《老子》的"道"完全变成了不具有任何质的规定性的精神性的本体了。

老子的"无",也叫作"道",老子提出道"象帝之先",是反对当时的宗教唯心主义主张的在天地万物之先,有超越一切的人格神为最高主宰。老子讲的"道"是最根本的物质,是构成万物的原始材料,所以也叫作"朴"(素材)。老子提出道在万物之先,是有积极战斗意义的。王弼把"道"做了完全相反的解释。他说:"穷极虚无,得道之常。"(《老子》十六章注)"唯以空为德,然后乃能动作从道。"(《老子》二十一章注)他保留了道在万物之先这一命题的形式,却抽掉它的唯物主义的内容,"道"以空为德,它不具有物质性,道不同于万有的实际存在,它是无。但是,王弼所谓"虚无"是对于有形有象的万有而说的,并不是空无一物的"零"。道是"深远不可得而见,然而万物由之其(而)可得见以定其真,故曰窈兮冥兮,其中有精也"(《老子》二十一章注)。这是说,"无"(道)是万物产生的根据。他把老子的"其中有精",不解作精气,而是解作"物反窈冥,则真精之极得,万物之性定"(《老子》二十一章注)。从王弼以上的论述,可以看出王弼主张在万物之上、之后,有比万物更根本的本体。所以他说:"凡物有称有名,则非其极也。"(《老子》二十五章注)他要追求万物的"极":"万物皆归之以生,而力使不知其所由,此不为小,故复可名于大矣。"(《老子》三十四章注)道是万物产生的逻辑根据,所以叫作本,也叫作母:"本在无为,母在无名,弃本舍母而适其子(万物),功虽大焉,必有不济。"(《老子》三十八章注)王弼看来有形体的万物对于无形的本体(道)说来,只能是第二性的:"可道(言说)之盛未足以官天地,有形之极未足以府万物。"(《老子略例》)万物的本体只能是精神性的道:"夫物之所以生,功之所以成,必生乎无形,由乎无名。无形无名者,万物之宗也。"(《老子略例》)

老子关于道的论述,在理论上不是没有缺点的。老子为了纠正元素论的朴素唯物主义的缺点,有意把道的地位抬高,说道不同于万物,它不具有某一种物质元素的性质,而是肉眼或身体不能直接感到的气。这在唯物主义前进的道路上,是一个提高的过程。尽管如此,但是老子把道说得与万物完全不同,甚至毫不相干,强调到与万物对立的程度,就超过了它应有的分际,就会被唯心主义利用、夸大,把本来是唯物主义的学说歪曲为唯心主义。王弼利用了老子哲学的这一缺点,加以夸大、篡改,建立了自己的唯心主义本体论。

王弼对于他的以无为本的本体论,还从以下四个方面进行了论证。

（一）通过现象与本质的关系来论证以无先本

王弼提出了事物有它的本质方面，有它的表面现象方面，现象是妨碍认识本体的。他说："老子之书其几乎可一言以蔽之，噫！崇本息末而已矣。观其所由，寻其所归，言不远宗，事不失主。"（《老子略例》）他把老子的哲学归纳为一句话"崇本息末"，把"本"放在主要地位，而排除"末"（现象）对"本"（本体）的干扰、影响。他认为只有这样，才能"言不远宗，事不失主"，不致迷失原则（宗），脱离主宰。王弼认为指导行为，指导认识的原则要避免从具体事物出发，而是要从超乎现象之上的本体出发。他说："闲邪在乎存诚，不在察善；息淫在乎去华，不在滋章。"（《老子略例》）防止不道德的行为，主要是坚定道德修养，而不在于懂得一件一件的善事；防止过分（淫）主要是摒除华丽，而不在于制止一件一件的华丽铺张的行为。掌握本体的原则是"不攻其为也，使其无心于为也；不害其欲也，使其无心于欲也"（《老子略例》）。他教人看问题要从本体上着眼，而不要从枝节（末）上着手："见素抱朴以绝圣智"，"皆崇本息末之谓也"（《老子略例》）。他认为老子的"绝圣弃智"使人民过着朴素的生活，是杜绝混乱、虚伪的根本原则。

王弼还说孔子说"予欲无言"，这是孔子"欲明本，举本统末，而示物于极者也"（《论语释疑》）。在《老子注》中又说："母本也，子末也。得本以知末，不舍本以逐末也。"（《老子》五十二章注）王弼反复论证，要掌握本体，要排除现象（末）对本体的干扰、蒙蔽，才算符合道的原则，符合无为的原则。

在中国哲学史上，王弼是第一个把本末作为一对哲学范畴提出来加以探讨的。他不满意于过去的唯心主义者所达到的水平，他在西汉唯心主义目的论的基础上，又深入了一步。他为了进一步答复唯物主义元气自然论（如王充所达到的理论高度）所提出的万物自然而生的观点，他提出了本末的范畴。他从唯心主义的本体论向唯物主义展开了攻势。他说，万物在变化着，存在着，它有形，有声，可以感触（这是唯心主义也难于硬不承认的），但是这都是现象（末），好像树上的枝叶、末梢一样，而不是事物的本；事物的本，并不是物质性的可以感受得到的，它"听之不可得而闻，视之不可得而彰，体之不可得而知，味之不可得而尝"（《老子略例》）。它不具有任何物质属性，"其为物也混成，其为象也无形"（《老子略例》）。

王弼抓住认识过程的一个片断，他只看到要认识事物的本体，不能为表面五光十色的现象所迷惑，要透过现象，掌握本体。这点，正是王充以来唯物主义自然论所忽视的。王充的自然论只讲到万物是自己产生的，由于元气聚合、分散而形成万物，但是王充等人没有系统地阐明这些众多的事物之间有没有总的变化的规律，有没有比分散的、零碎的现象更本质的东西。王弼抓住了对方这一薄弱环节，他反对自然论的理由是：如果说万物仅仅是分散的、不相统属的现象，那就无法对世界取得更深刻、更全面的认识。因此，王弼提出了现象之后，还有更本质的东西。只有先掌握了这个"本"，才能够以简驭繁，不为纷杂的表面现象所迷惑。他说:"法自然者,在方而法方,在圆而法圆,于自然无所违也。"(《老子》二十五章注)前一个"方"是方的东西,后一个"方"是方的原理。方的东西是"末",它要以方的原理为准则,才能成其为方。圆的东西对于圆的原理的关系也是一样。王弼认为,只有掌握了方的原理(方的本),才可以认识天下无限的方的东西(末),如果不从方的东西(末)提高到方的原理,见一件认识一件,穷年累月也无法认识天下之方的东西。王弼由此上推,认为天下必有一个总的原理,这个总的原理是天地万物之"本"。这就是他的"崇本息末"的理论根据。

从不认识现象和本质,到自觉地区别它们,这是符合认识进程的。王弼在这一点上本来具有某些合理因素。但是王弼从唯心主义世界观考察问题,他只看到本质比随时变化着的现象更有概括性,更典型的一个方面,从而无限夸大了这一方面,使本质脱离现象而独立存在。他颠倒了问题的实质。他的"崇本息末"的观点,割裂了现象与本质的内在的矛盾统一的关系。照王弼的哲学,他所谓"本"

成了无源之水,无本之木。如果认为脱离了现象还有一个超于现象之上的本,这是唯心主义的虚构。列宁说:"规律是本质的现象。"[1] 王弼从他的唯心主义观点,把现象(末)看作是不足重视的假象,而追求一个脱离任何具体事物(末)的本,这样的本,只能是唯心主义的空中楼阁。他的"崇本息末"明显地宣称,精神性的本体是第一性的,物质的现实世界是第二性的唯心主义观点。

(二)从动静[2]关系以论证以无为本

王弼还通过关于动静关系的讨论,以论证他的"以无为本"的观点。这是王弼的形而上学的观点的集中表现。他的形而上学观点,是为他的唯心主义本体论做论证的。王弼不像过去的形而上学哲学家那样直接宣称万物不变,他也说万物在变化。他在《周易·复卦》注中说:

---

[1] 列宁:《哲学笔记》,人民出版社,1974年版,第159页。
[2] 动静关系,不止指的事物的运动和静止的关系,它主要指的是事物变化与不变化的关系。

> 复者反本之谓也。天地以本为心者也。凡动息则静，静非对动者也，语息则默，默非对语者也。

这是说，世界万物是有变化的，但是对不变来说，变化是相对的，不变才是绝对的，所以动息则静，静是绝对的，动只是静的一种表现形态，语息则默，默是绝对的，语只是默的一种表现形态。王弼认为变化只能看作不变的本体的表现，所以他说："天地虽大，富有万物，雷动风行，运化万变，寂然至无，是其本矣。"（《周易·复卦》）静（不变）是本，动（变化）是末，指导生活的原则是"反本"（回到本体），反本才可以体现天地的心。这观点在《老子注》也有所阐述："凡有起于虚，动起于静，故万物虽并动作，卒复归于虚静，是物之极笃也。"（《老子》十六章注）这是说，有（万有）是虚（无）的体现，动（变化）是静（不变的本体）的体现。万物虽然是"有"，是"动"，而它的本源是虚静的本体。

王弼把动静关系作为哲学范畴而提出，看来好像是对《周易》中的辩证法思想的继承。但是实际上恰恰走到辩证法的反面。《周易·系辞传》的辩证法思想被它的唯心主义体系所局限，没有能够正常发展。王弼虽然也讲到变，他的出发点是不变的形而上学，他不是先承认有变，而是认为变只是静（不变）的特殊表现形态。这种观点与事物的实际情况恰好相反，而是和他的唯心主义本体论的立场相符合的。

王弼通过动静关系，以论证"无"是本，而有是末，并不是真正解决动静关系的问题。动静这一对范畴，被王弼把它的真正关系颠倒了，并且把它的关系割裂了。

（三）从一多关系论证以无为本

王弼论哲学上一与多的关系，也包括个别与一般的关系。他说："万物万形，其归一也。何由致一，由于无也。由无乃一，一可谓无。"（《老子》四十二章注）"一"所以能统万有，因为"一"是本体，是万有的根源，万有是由"一"派生的。

王弼说:"一,数之始而物之极也。各是一物之生所以为主也。物皆各得此一以成,既成而舍以居成,居成则失其母。"(《老子》三十九章注)一是"数之始"即是万物差别的出发点,"物之极"是万物的本体(极与宗,在魏晋玄学中通常用作本体的同义词)。万物各是本体所派生的,万物各自分享了本体而成为万物,万物既然形成了自己,就脱离了一(舍)而停留(居)在具体的、分散的地位(居成)。脱离了"一",停留在各自分散的地位,就离开了它所依据的本体(母),王弼认为"居"成即背离了本,是不合道的原则的。

一以统众,一以治多,是王弼的唯心主义本体论的原则,也是门阀士族地主阶级的政治统治路线在哲学世界观方面的反映。王弼说:"夫众不能治众,治众者至寡者也。"又说:"夫少者,多之所贵也,寡者,众之所宗也。"(《周易略例·明象》)以寡治众,以少统多,少数特权贵族骑在人民头上,他们自以为这是天地间无可怀疑的普遍原则。王弼认为,只有把以少治众的原则贯彻到政治中去,才可以使天下"繁而不忧乱,众而不忧惑,约以存博,简以济众"(《周易略例·明象》)。

王弼在论《周易》大衍义时也说:"演天地之数,所赖者五十也。其用四十有九,则其一不用也。不用而用以之通;非数而数以之成。斯易之太极也(一作大极)。四十有九,数之极也。夫无不可以无明,必因于有,故常于有物之极,而必明其所由之宗也。"[1] 王弼是说,这个不用的"一",比那被利用的四十九还要重要,"不用",而卦才占得成,它不在占卦所用的蓍草的数内,而大衍之数恰恰要靠这个"一"才能完成五十的总数。因此,王弼认为"一"起着体、宗的作用。王弼还在《论语释疑》中解释"一以贯之",说:"贯犹统也……譬犹以君御民,执一统众之道也。"

王弼就是这样从以寡治众的观点出发,以论证他的以无为本的原理的。

---

[1] 《周易》的占卦的方法用五十根蓍草。有一根放在一边不用,只用其余的四十九根。这是古代卜卦的习惯。后来的注《易》者对于这一根不用,做出了许多推测,发挥。王弼的说法是其中之一。

(四)从自然无为以论证以无为本

王弼利用了过去唯物主义常用的自然无为这一现成的词句,却篡改了它的内容,用来论证他的唯心主义本体论。他说,"自然者,无称之言,穷极之辞也"(《老子》二十五章注)自然就是事物的本体(穷极),它是对于"道"的描写。王弼所以崇尚无为自然,因为他相信凡是有为的,都不是第一性的,有为的结果总不及无为,他说:"用智不及无知,而形魄不及精象,精象不及无形,有仪不及无仪"(《老子》二十五章注),"无知""无形""无仪"都是指的无形无相的本体,它超出万有之上,所以比万有更高,更根本。它是神秘主义的、不可见、不可言说的本体:"自然,其端兆不可得而见也,其意趣不可得而睹也。"(《老子》十七章注)这样的本体只能是精神性的。

自然无为,王弼也叫它"无",王弼说:"橐籥之中空洞,无情无为,故虚而不得穷屈,动而不可竭尽也。天地之中，荡然任自然，故不可得而穷，犹若橐籥也。"(《老子》五章注)本体之于万物，也是应而无穷，不可尽竭的。他认为决定万物的存在的不是运动、发展着的万物自身而是高踞于万物之上的"自然"。

王弼的自然无为的观点，是有它的政治意义的。这一学说在实际政治上的运用是使百姓"无所察焉""无所求焉""无避无应"。因为王弼也懂得被统治者总是以其人之道还治其人之身的。统治者压迫，百姓就反抗；统治者明察窥伺，百姓就没法逃过他的明察窥伺。"以明察物，物亦竞以其明应之；以不信察物，物亦竞以其不信应之。"又说，"在智，则人与之讼；在力，则人与之争"，不论用智用力，一旦陷于争地"则危矣"，"如此，则己以一敌人，而人以千万敌己也"。(《老子》四十九章注)不用明，不用智，深藏若虚，才可以收到无为而治的效果。因为统治者只要掌握了"无为"的原则，"物有其宗，事有其主"，只要抓住"本"，"末"是无所逃避的。

王弼的无为，在天道观是回到以无为本的本体论，在社会政治观是用无为以达到比有为更有效的统治目的,使人民不敢对统治者不忠。这也是从门阀士族地主阶级的立场对老子反映小私有者的无为学说的篡改。

王弼的"言不尽意"的认识论和思想方法

王弼的认识论,集中表现在他的"言不尽意,得意忘象"的学说中。他在《周易略例·明象章》说:"夫象者,出意者也;言者,名象者也。尽意莫若象,尽象莫若言。"王弼这里是说,像是达意的工具,言是明象的工具。达意要通过象,明象要通过言。这是王弼宣称的对《周易》一书的研究方法[1]。它比汉人解《易》机械比附的方法进了一步。

---

[1] 汉人解《易》着重象数,他们把《易经》的卦、爻辞所代表的事物看作固定不变的。如乾代表天,坤代表地,用牛代表乾卦的健的意义,用马代表坤卦顺从的意义。汉人也经常用各爻固定的位置表示各爻的作用,比如阳爻的"九五"(即阳爻的第五爻)表示君位,等等。王弼为了更方便地通过《周易》一书发挥他的哲学见解,他提出取消汉儒相沿的这种机械的解释爻象的方法。他讲的象即《周易》的卦象。

王弼又说:"言生于象,故可寻言以观象;象生于意,故可寻象以观意。"他的意思是说,言辞是由易的象产生的,可以根据言的内容追溯象的意义;像是"圣人"制定的,可以根据象所表现的内容探寻圣人制象的本意。这种解释,显然是唯心主义的,即使《易》象是"圣人"制定的,也不能认为是出于"圣人"的主观的意愿,它也是在"仰以观于天文,俯以察于地理","近取诸身,远取诸物"的启发下制定出来的。王弼所说的"意"和"象"和"言"的关系,实际上并不限于对《周易》这部书关于卦象的注解的方法,而是作为一般认识论原则和思想方法提出来的。

他又说:"意以象尽,象以言著。故言者所以明象,得象而忘言;象者所以存意,得意而忘象。"这是王弼关于言、象、意的关系的第二层意思。"意"通过"象"(卦象)而得到表达,"象"通过言语而明确了它的意义。言语是为了明象的,如果已经明确了象的意义,可以把言语忘掉。象是用来保存意的,如果已经得到意,可以把象忘掉。好比过河,桥梁是过河的工具,过了河,桥可以拆除。

王弼根据以上的观点，又深入到第三层的意思："是故，存言者，非得象者也；存象者，非得意者也。象生于意，而存象焉，则所存者乃非其象也；言生于象，而存言焉，则所存者乃非其言也。"这是说，固守着言，就掌握不到象的意义，固守着象，就掌握不到意的含义。理由是：象是从意产生的，只固守着象，那么所固守的就不是原来的象了；言是从象产生的，固守着言，那么所固守的就不是原来的言了。王弼提出了认识的对象和认识的媒介、工具有区别，这一点是好的；但是，他指出这种区别的同时，也表现出他的唯心主义观点，他过分强调概念和它所代表的事物不相同的方面，而否认概念是它所代表的事物的反映。

由以上的认识，王弼又做了第四层的推论，他说："然则忘象者，乃得意也；忘言者，乃得象也。得意在忘象，得象在忘言。故立象以尽意，而象可忘也。"王弼沿着唯心主义的认识论的道路越走越远，终于连它开始所讲的那点合理的部分最后也给完全否定了。他开始只是说，认识要通过一定的工具作为媒介,如果认识了所要认识的本体,工具可以不要,好像过了河可以拆除桥梁一样。这里,却说只有忘象,才能得意,只有忘言,乃能得象。他把"象"的必须忘掉看作得意的条件;把"言"必须忘掉看作得象的条件。也就是说,把"象"和得意的关系对立起来,把"言"和得象的关系对立起来。这就完全暴露出他的认识论的唯心主义实质。

我们还必须指出,王弼的"言不尽意"的学说是利用了认识过程中某些必经的环节,把它加以不适当地夸大、吹胀,又把结论引向唯心主义的。因为具体对象,现实生活,在内容上要比语言、概念丰富得多,生动得多。毛泽东同志说过,文艺所描写的素材,总是"最生动、最丰富、最基本的东西"[1]。毛泽东同志说的是文学艺术的源泉的问题,但也具有对于一般认识原理的指导意义。概念、规律,

---

[1]《在延安文艺座谈会上的讲话》,《毛泽东选集》第3卷,人民出版社,1966年版,第817页。

一般说来，总是"现象的平静的反映"，列宁指出过："规律、任何规律都是狭隘的、不完全的、近似的。"[1]规律对事物说，它是"不完全的""近似的"，但是唯物主义首先看到的是规律是反映事物的本质的，它对于变动不居的事物说，首先是如实的反映事物，其次才是"不完全"的。而王弼从唯心主义立场，把世界看颠倒了，他不是首先看到规律、概念是对事物的如实的反映，恰恰相反，他把一切事物看成"道""无"的表现。

王弼比哲学史上其他唯心主义者深刻的地方，在于他看到了概念和它代表的事物之间有差别，并指出概念、名词在认识中的局限性。但是他把这一现象歪曲了、夸大了，做出了唯心主义的结论。

"言不尽意"的学说，在当时及以后的中国哲学史上的影响是深刻的，甚至对于艺术欣赏、创作方法，都有影响。我国艺术理论，自魏晋以后，都注意要求有不尽之意，

---

[1] 列宁《哲学笔记》。

反对一览无余,或多或少都是受了"言不尽意"的影响的。经过进步的艺术家把它改造后,言不尽意的学说,在艺术领域内起了一些作用。在哲学领域内,作为认识论和一般思想方法,王弼的"言不尽意"只能导向唯心主义的不可知论。

王弼论「名教」出于「自然」

名教与自然的关系的争论,是魏晋时期社会政治问题提高到哲学世界观的争论。

"名教",即封建社会的政治制度和伦理道德等封建文化的总称,"自然"即魏晋时期玄学所讲的总规律(道),包括自然观和人生观。魏晋玄学要打破两汉以来封建传统礼教的拘束,主张放任、自由,他们认为这种生活态度是符合自然原则的,也是符合人性的。他们实际上是《老子》《庄子》书中那些消极的东西作为指导生活的最高原则。他们认为只有像那样的生活方式才是符合自然、符合人性的。正如裴頠所追述的当时风气是"上及造化,下被万事,莫不贵无",认为"凡有之理,皆义之卑者"(《崇有论》)。统治阶级门阀士族,从老庄的生活态度中找到了偷懒、放纵的借口,自称符合于"自然"(本性)。

但是,另一方面,门阀士族地主阶级既然要维持其封建统治,对于封建文化(名教)就不能采取完全不关心的态度。在现实生活里,的确给门阀士族地主阶级带来了一种矛盾:如果完全过着蔑弃礼法、放荡不检的"自然"生活,必然会给社会秩序带来危机;如果严格遵守封建文化规定,又达不到放荡、纵欲、个人极端自由的目的。因此,魏晋玄学家把他们这些人在现实生活中的矛盾,概括为"名教"与"自然"的矛盾。这些哲学家,总不敢说只要一方面,抛弃一方面;他们企图从理论上论证这两者之间有矛盾,但又是统一的。有的偏重于"自然",如嵇康、阮籍;也有的偏重在"名教",如郭象。王弼是首先把二者作为哲学问题(即人生观问题)提出,并给予充分论述的哲学家。

嵇康、阮籍重自然轻名教,是用"自然"以讽刺司马氏制造的虚伪的名教。王弼的名教出于自然，是通过政治理论以论证名教不能不以无为本，名教也是他的"本体"的产物，是符合"道"的。所以同是把"自然"放在名教之上，在王弼就是反动的，在嵇康、阮籍就是进步的。

王弼在《老子注》中说："始制，谓朴散始为官长之时也。始制官长，不可不立名分以定尊卑，故始制有名也。过此以往，将争锥刀之末，故曰名亦既有，夫亦将知止也。遂任名以号物，则失治之母也。"（《老子》三十二章注）王弼认为政治教化是从最高的道派生出来的，"立名分以定尊卑"，是"朴散"之后的必然结果。老子认为朴散而为器，是对自然状态的破坏。王弼对老子的哲学进行了歪曲，从门阀士族地主阶级立场，认为朴散为器，是符合自然的，也是应当的。他说："万物以自然为性，故可因而不可为也，可通而不可执也。"（《老子》二十九章注）这是说，万物都是从自然（道）来的，顺从自然，不勉强，就是符合自然了。社会政治制度（名教），也是自然的产物。他说"物有其宗，事有其主"，事物都不能离开它的最高原则

(宗、主),只要按照这种最高原则去行动,名教是自然的体现:"如此,则可冕旒充目而不惧于欺,黈纩塞耳而无戚于慢。"(《老子》四十九章注)这是说,统治者要坚守自然无为的原则,对下级不必做过分的苛察,皇帝在上面高拱无为,可以放手让下面的门阀士族专权独断。他认为作为统治者,要"愚",不要"明":"明,谓多见巧诈,蔽其朴也;愚,谓无知守真,顺自然也。"(《老子》六十五章注)

王弼说:"无形无名者,万物之宗也,虽今古不同,时移俗易,故莫不由乎此以成其治者也。"(《老子》十四章注)整个宇宙有它的自然秩序,万事万物都要服从这一总的秩序。"名教"对"自然"说,它也应当是"自然"的表现。他认为理想的统治者,在"名教"与"自然"的关系问题上,必须根据"自然"原则来对待"名教"。统治者(圣王)的职能应该像"道"一样,是"无为"的。虽然无为,并不是不要进行统治。他认为根据无为的原则进行统治是符合自然原则的,设官分职,完全是必要的。

统治者(圣王)的作用在于使"名教"反映"自然",

"自然"无形无为,而"成济万物",统治者按道的原则办事(体道),"故行无为之事,立不言之教",使众人各安其位,返璞归真,"名教"也就合乎"自然"的要求了。因此,一个贤明的统治者,不仅是"不立形名以检于物",而且要使众人"无欲无惑",使百姓也"无为",也符合自然原则。这样的社会自然是太平无事的社会,封建秩序也就得以巩固。

王弼论"名教"出于"自然",目的在于为封建制度的合理性找寻理论根据。

不但在政治生活中有名教与自然的矛盾,在贵族个人生活中,也经常遇到名教与自然的矛盾。照封建伦理规范,行为放荡,不拘礼法是违反名教的,虽然当时门阀士族地主阶级为他们的腐化享乐生活进行辩护,他们自以为他们放纵感情是符合"自然"的。在当时争论得比较激烈的问题,是"圣人"(理想的最完全的人格的人)有没有普通人一般的感情。

魏晋时,很多玄学家都对这一问题发生兴趣。

王弼论"名教"出于"自然"

何劭《王弼传》曰:"何晏以为圣人无喜怒哀乐,其论甚精,钟会等述之。弼与不同,以为:圣人茂于人者神明也,同于人者五情也。神明茂,故能体冲和以通无,五情同,故不能无哀乐以应物。然则圣人之情,应物而无累于物者也。今以其无累,便谓不复应物,失之多矣。"圣人有没有和普通人一样的喜怒哀乐的感情,这是一个假设的问题,但是这个问题的提出,却是当时社会现实问题的反映。门阀士族地主阶级过着穷奢极欲的腐化生活,他们的感情欲望放纵到不受任何拘束的程度,像何晏就是一个典型的纵情放荡的贵族。但是封建地主阶级既卑鄙又虚伪,讲"圣人无情""以无为体"的,正是这个腐化纵欲的何晏。他们论证贵族们自己比众人清高,以掩饰他们灵魂深处的龌龊,他们说圣人没有情,众人才陷于情欲。他们一方面对人民诬蔑,一方面为自己掩饰。当然这种"学说"的欺骗性使人一望而知,是骗不了人的。

王弼比何晏更狡猾些,他公开宣称圣人与众人有相同的感情。圣人比众人多的是智慧(神明)。圣人有超人的智慧，所以能体现（自然），"体冲和以通无"；圣人的五情和众人不异，所以也有哀乐的感情，只是圣人有了"无"的原则作为指导，虽然接触事物有哀乐之情，但不会陷溺在感情中而不能自拔（应物而无累）。王弼说，不能认为圣人应物而无累，便说圣人不与外物发生接触（不复应物）。

何晏的圣人无情说，是当众扯谎，王弼的圣人有情说，是为贵族的放纵生活找到理论借口，意思是圣人比众人高明，即使纵欲、享乐（应物），他们的喜怒感情有"道"（自然）的原则作为指导，也是比一般人的情感活动高一筹，"应物而无累"。贵族们即使放纵、享乐、腐化，王弼也可以为他们开脱，说他们不同于一般人的享乐、腐化，他们的生活是符合"自然"原则的。照这种逻辑，贵族们的生活中遇到的名教与自然的矛盾对立，似乎也迎刃而解了。

魏晋清谈的实质和影响[*]

[*] 原载《历史教学》1956年第10期。

一

《晋书·阮籍传》附《阮瞻传》说:"(阮瞻)见司徒王戎。戎问曰:'圣人贵名教,老庄明自然,其旨同异?'(阮)瞻曰:'将无同?'"这三个字的不着边际的回答,立刻博得王戎的赞赏,任命他做官。

阮瞻的叔祖阮籍是当时的大文学家、思想家。他和人家谈话的时候从来不议论别人的短长,只讲些"玄远"的不接触实际问题的问题。

《世说新语》有许多名士清谈的记录也有清谈情况的叙

述。现在只举一个例子:

> 诸名士共至洛水戏,还。乐令(乐广)问王夷甫(王衍)曰:今日戏乐乎?王(衍)曰:裴仆射(裴颜)善谈名理,混混有雅致;张茂先(张华)论史汉,靡靡可听;我与王安丰(王戎)说延陵、子房亦超超玄著;王武子(王济)、孙子荆(孙楚)各言其土地人物之美。王云:其地(王的故乡)坦而平,其水淡而清,其人廉且贞。孙云:其(孙的故乡)山崛巍以嵯峨,其水㳙渫而扬波,其人磊砢而英多。(《世说新语·言语篇》)

从以上的例子可以看出魏晋时代思想的特点。以前,在两汉时期,孔子的思想和孔子这一学派所规定的经籍里的思想是指导思想。不论古文学派或今文学派,他们都不过是发扬儒家的精神。魏晋时代,思想界发生很大的变化,学者们多半喜欢讲《老》《庄》《周易》,当时称为"三玄"

（三种不讲实际问题，只讲"玄远"问题的书）。——《周易》本是儒家的六经之一，这时却用清谈家的观点去理解。因此在哲学史上，根据这一时代的历史特点，人们把这一时期的哲学思想统称为"魏晋玄学"，而称这时的时代思潮为"魏晋清谈"，因为它所涉及的哲学或其他方面问题都是"不切实际"的"玄远"的问题。

以何晏、王弼为首，开始了"魏晋清谈"。

> 魏正始中，何晏、王弼等祖述老庄立论，以为天地万物皆以无为本，无也者，开物成务，无往不存者也，阴阳恃以化生，万物恃以成形，贤者恃以成德，不肖恃以免身。故无之为用，无爵而贵矣。（《晋书·王衍传》）

魏晋清谈，经常和这些"空洞""虚无"的词句相联系着。

历史上有许多人责斥清谈，说清谈"误国"，认为西晋之所以招致天下大乱以至于亡国，都是"清谈"家天天说些不负责任的空话所致。

魏晋清谈是不是"说空话"，它是不是少数学者（比如王弼、何晏等）倡导的结果呢？

历史告诉我们，一种思想和学术风气的形成，绝不是几个天才人物的头脑决定的。至于这种学术风气的传播和扩大，那就更不是仅仅靠着几个人的主观愿望所能奏效的。魏晋清谈这种思潮，简单说来，是在以下的历史条件下产生的：

第一，自从黄巾起义失败以后，从当时的阶级力量的对比来看，大贵族拥有压倒的优势，农民没有起来反抗的可能（他们用政治力量把农民束缚在固定的土地上），因此，统治阶级内部可以毫无顾忌地进行上层统治者之间的争权夺利的火并。争夺权利是剥削阶级的本质。魏晋时期，既然农民起义刚刚失败，农民暂时无力进行武装反抗，统治阶级的内讧也就毫无顾忌地接连演出。

这种激烈的、连续不断的上层统治者的斗争迫使每一个有社会地位的知识分子、官僚、名士都不得不陷入斗争的旋涡。他们不得不表示在改朝换代的当儿，或在两派争夺政权的当儿，自己究竟站在哪一方面。政局的变化又太快，甲派刚刚上台，乙派又起来推翻了甲派。当时唯一可以免祸的办法就是使态度尽量模棱两可。他们既要说话（不说是不行的），又怕说错了话，怕万一政治发生变化时自己受连累。所以他们就用"不着边际"来保护自己。阮籍就是善于用这种办法保全了自己的性命的。阮籍的《咏怀诗》不好懂，也是这个原因。

第二，从思想本身的发展方面来看，也有促成"魏晋清谈"的历史原因。汉代是以经学的记诵来吸引读书人做官的。所以汉代的经师特别多。可是后来在军阀混战中全国的图书文物遭到惨重的破坏，通经的儒生也变得极少了。曹魏时，朝廷大小官吏和太学生在京师的有万余人，能通古礼的却找不出几个；中央官吏有四百余人，能提笔撰写文告的还不到十人。清通简要的老庄思想不像儒家经典那样烦琐，以它为标志的清谈比较容易被广大读书人所接受。

第三，儒家所讲的君臣父子的伦常道德是万古不变的。谁要大力宣扬儒家的伦常道德，谁就要在屡屡改朝换代的时候感到处境困难。而老庄的"满不在乎"的态度却可以给当时的君臣们以方便的"理论"借口。所以晋朝最多只能讲"以孝治天下"，而不敢讲"以忠治天下"，就是这个道理。

第四，统治阶级明知争权夺利的行为是可耻的，至少是不太光明正大的。他们在利欲熏心的丑恶面目上罩上一层美丽的面纱，他们既要"清高"，又要享受，骨子里十足的荒淫无耻，表面上却要"洒脱自然"。贪污剥削成性的大官僚却要清高得连"钱"字也羞于出口（参看《王衍传》及《世说新语》）。魏晋清谈在某些地方可以满足这些人的要求。

总体来说，清谈这个现象是由各方面的原因和条件促成的，清谈的人物也是鱼龙混杂的，我们不能简单地否定清谈家的价值，也不能简单地肯定他们的价值，而要对他们做具体的分析。

二

既然产生清谈的条件很复杂，而且清谈并不是只有一派，那么对它的估价也就要分别对待。我们现在可以肯定地说：清谈不是"说空话"，它是有实际内容的，它是为它的阶级利益服务的。它绝非不表示对事物的肯定意见，而是以清谈来表示他们的意见的。

在魏晋清谈的许多流派中，有些人是为了自己纵情享乐。他们觉得儒家那一套伦理道德限制了自己的自由，而走向极端放纵的道路。比如刘伶，他一天到晚喝酒，在屋子里连裤子也不穿就接见客人。客人问他为什么这样，他说："我拿天地当作房屋，拿房屋当作衣服，你为什么跑到我的裤子里面来呢？"当时也还有些"贵游子弟相与为散发裸身之饮，戏弄婢妾"（《晋书·五行志》）。这些自命为"旷达不俗"的人物，其实是社会上的渣滓，他们也是以清谈家的姿态出现的,这里不再多说。

还有一批人,他们虽然属于统治阶级内部,但是他们在政治上不得意,随时有遭到迫害的危险;他们有学问,和上面所说的那些腐朽透顶的"贵游子弟"不同。像阮籍、嵇康就是这一派的代表人物。他们深深地感到自己内部的争权夺利会给封建地主阶级的长远利益带来灾难。他们痛恨篡夺的事件。他们曾以激愤的心情揭露了当时腐朽黑暗的政治。他们也是用老庄思想作为标志来提出他们的主张的。嵇康曾说:

> 圣人不得已而临天下,以万物为心……穆然以无事为业,坦尔以天下为公。虽居君位,飨万国,恬若素士接宾客也……岂劝百姓之尊己,割天下以自私,以富贵为崇高,心欲之而不已哉?(《答向子期难养生论》)

他们指出理想的政治应当:

> 崇简易之教，御无为之治，君静于上，臣顺于下……群生安逸，自求多福，默然从道，怀抱忠义而不觉其所以然也。(《声无哀乐论》)

在清谈家中，也有些人是为了替司马氏的政权寻找"理论"，向秀、郭象可以算这些人的代表。

在《庄子·逍遥游》篇中，"藐姑射之山有神人居焉"这一句话的注解里，郭象说：

> 此皆寄言耳。夫神人即今所谓圣人也。夫圣人虽在庙堂之上，然其心无异于山林之中，世岂识之哉？徒见其戴黄屋、佩玉玺，便谓足以缨绂其心矣；见其历山川、同民事，便谓足以憔悴其神矣。岂知至至者之不亏哉？

这些话只是用"超脱"来掩盖贵族们利欲熏心的丑恶本质的话。他们完全不顾事实地说谎：只要心里不留恋于富贵，做皇帝也可以和在山林中过隐居生活一样高尚。这就是在清谈的外衣掩盖下为统治阶级服务的妙用。

魏晋清谈在中国社会上、在中国哲学史上曾起过极其重要的影响，因为魏晋清谈反对了汉代庸俗经师的烦琐方法，代以独立思考的简明的方法，所以魏晋清谈和两汉时代的拘守条文的经学相对比，有它的进步性。

魏晋清谈以老庄思想相标榜，因而老庄思想中的唯物主义因素和它的反抗剥削压迫的精神自然被带进来了。当然，老庄思想中所存在的消极妥协的成分也被带进来了。因此它的影响也就有积极和消极两方面。有人说"清谈误国"，这是不全面的。严格地说，清谈这种思想和学风，有进步的一面，也有反动的一面，不能说清谈本身可以"误国"。

三

如果对魏晋清谈在中国思想上的影响做一总的估价，我们可以说：

第一，魏晋清谈，对建立独立思考的学风有功，比起两汉的章句之学来，显然是前进了一步。

第二，魏晋清谈从哲学思想上结束了两汉以来宣扬宗教迷信的目的论。它把世界万物的变化看作自己在变化着、发展着的事情。这是一大进步，它标志着唯物主义哲学在这一时期的胜利。

第三，儒家的社会伦理思想是中国封建统治的支柱。这个时期的清谈虽然从表面上看老庄思想占了支配地位，但在骨子里，尤其是在社会伦理思想方面，儒家思想仍然盘踞不退。清谈家多半是以"名节相高"，以"风义自矢""严家讳之禁，笃孝义之行"。对于维护地主阶级利益的根本制度，丝毫也不去动摇。因此对它的"思想解放"这一方面也不可以做过高的估计。

辑二

嵇康的唯物主义思想和阮籍对名教与自然的折中主义*

---

*本文是任继愈主编《中国哲学史》第二册的第四编第三章。《中国哲学史》系多人合撰，主要由任继愈提出编写框架、思想脉络，大家充分讨论、分头撰写后，再由任继愈修改、定稿。为充分展现任继愈先生的学术观点与主张，此次编入本集。

一 嵇康的生平、社会活动和唯物主义思想

嵇康[1],字叔夜,谯国铚人(今皖北),生于288年(魏文帝黄初四年),被杀于269年(魏元帝曹奂景元三年)。著作有《嵇康集》十卷。

嵇康生活的时代,正是司马懿父子当权的时代。在魏明帝曹叡死后,八岁的曹芳在宗室曹爽和太尉司马懿辅佐之下做了皇帝。到249年(曹芳嘉平元年),司马懿杀死曹

---

[1]《三国志·魏志》卷二一,《晋书》卷四九。

爽，曹氏政权实际落入司马氏之手。254年（嘉平六年），司马师废曹芳，立曹髦为帝。860年司马昭杀死曹髦，立曹奂为帝。司马氏在其当政时期还用残杀手段清除异己的势力，为夺取帝位做好准备。嵇康当时在政治上是反对司马氏的。

当时在政治上取代曹魏统治地位的司马氏集团，代表着门阀士族地主阶级的利益。他们在夺取政权的过程中，为了清除异己，巩固自己的阶级基础，在政治上法律上采取种种保护门阀士族地主利益的政策。嵇康和司马氏集团做斗争，一方面固然因为他与曹魏集团有联系[1]，另一方面在客观上，他对于以司马氏为代表的门阀士族地主阶级的批判，也反映了当时寒门庶族地主阶级反对以司马氏为代表的门阀士族地主阶级的斗争要求。嵇康与司马氏不合作，拒绝做司马氏的官。他和当时代表中小地主阶级利益的人

---

[1] 嵇康是曹操的孙子沛王曹林的女婿。政治上被认为属于曹魏集团。

物有广泛的接触，与太学生交游。当时的太学生大都是寒门庶族地主的子弟[1]，到他被司马氏杀戮临刑前，有太学生三千人上书请他为师。当时毌丘俭曾起兵反对司马氏，嵇康想起兵响应他，和山涛商量，被山涛劝阻了。这些都说明嵇康与司马氏集团是敌对的。

嵇康对司马氏所提倡的"以孝治天下"的封建"名教"的虚伪性给以尖锐的讥刺，他"轻贱唐虞而笑大禹"（《卜疑》），"非汤武而薄周孔"（《与山巨源绝交书》），用以嘲笑司马氏想借禅让文饰篡夺曹魏政权的阴谋。他的这种"非圣无法"的举动成为司马氏夺取政权的一种障碍。当时司马氏集团的钟会指摘他说："康上不臣天子，下不事王侯，轻时傲世，不为物用，无益于今，有败于俗……今不诛康，无以清洁王道。"（《世说新语·雅量篇》注引《文士传》）所谓"清洁王道"是指司马氏将要取代曹氏，

---

[1] 据《三国志·魏志》卷一五，《刘馥传》说，当时入太学的学生多不是门阀士族出身，"高门子弟，耻非其伦"。

这说明司马氏杀嵇康是为了镇压反对他们夺取政权的敌对力量。

嵇康在哲学自然观方面承袭了王充以来元气自然论的朴素唯物主义，排斥宗教唯心主义。他说："元气陶铄，众生禀焉。"(《明胆论》) 万物都是禀受元气而产生的。他还认为元气中包含阴阳两个对立面，阴阳的变化推动了万物的发生。他说："浩浩太素，阳曜阴凝，二仪陶化，人伦肇兴。"(《太师箴》) 这是说人和物，都是由天地间阴阳二气的作用孕育而成的。他还说："天地合德，万物资生，寒暑代往，五行以成。章为五色，发为五音。"(《声无哀乐论》) 这是认为宇宙万物的发生发展是自然界自身运动和变化的结果。

嵇康对于形神关系也做了解释，他认为形神互相依赖。他说："形恃神以立，神须形以存。"(《养生论》) 他的形神并重的观点又有些二元论的倾向。他提倡修心养神的养生学说。他说："修性以保神，安心以全生，爱憎不栖于情，忧喜不留于意，泊然无感，而体气和平。"(《养生论》) 他看到精神的好坏对于人的健康影响很大，这是他提倡修心养性的原因。由于当时医学的发达，对疾病有了比过去更有效的防治方法，他认为人通过药物和食物的营养以及运动，可以强健身体，延长寿命。同时，嵇康也受到一些神仙方术思想的影响，他说"呼吸吐纳，服食养身，使形神相亲，表里俱济也"（《养生论》）；又说"性命之理，因辅养以通"，他甚至希望服食养生药物，安心保神，达到延长寿命至数百年。他的这些看法，有些是不切合实际的，甚至是荒谬的。他也没有指出形是神的基础，未能说明形神的辩证关系。但是他较多地从生理上注重养生，有其合理的方面。并且他也还承认人有生必有死，这与当时神仙方术长生不死的迷信思想也有本质的区别。

嵇康在《声无哀乐论》中论述了心和物的关系问题。他说："心之与声，明为二物。二物诚然，则求情者不留观于形貌，揆心者不假听于声音也。察者欲因声以知心，不亦外乎？"这是认为声音和人的感情是不同的两种事物。音乐所发出的只是客观的音调，它不含有哀乐的感情；哀乐则出于人的内心,完全是主观的。他又说:"声音以平和为体,而感物无常;心志以所俟为主,应感而发。然则声之与心,殊涂异轨,不相经纬。"他把客观的声音与主观的感情严格划分开来,认为二者有所不同,有其合理之处;但是他否认二者有任何联系,认为主观感情完全由于内心自发,不因客观的刺激,这就错了。嵇康把音乐简单地看作声音,所以说"声无哀乐"。他没有认识到音乐和其他艺术作品一样,有它的阶级性、社会性。因为音乐是经过艺术加工的声音,是经过有一定阶级立场的人来安排的音调和节奏,并且是为一定的社会政治服务的。

在另一方面,嵇康也把人仅仅看作抽象的、生理学的人,而没有看到人的社会性。嵇康承认客观事物独立于人的意识之外而存在,他的这种观点是唯物主义的;但他认为心,即思想、情感,完全是主观自发的,不以客观物质为基础,这种观点则是唯心主义的。他批评古代的一些神秘的传说,如介葛卢闻牛鸣,知道牛生的三子都做了祭神的牺牲;晋师旷吹律(管乐)觉得南风不竞(强),认为楚国必败；羊舌肸（叔向）的母亲听到她的孙儿食我下生时哭声似豺狼，断定羊舌氏的宗族要由他而覆灭。嵇康力辩这些故事的荒诞。因为牛鸣、南风不竞、小儿啼声都是自然现象，不能用以臆测人事。他的这些见解是从唯物主义观点出发的。嵇康也讲了一些对于音乐、艺术欣赏的美学原则。他认为"美"的标准主要决定于主观的感受，而不在于欣赏对象的本身。他说："今使瞽者遇室，则西施与嫫母同情，瞆者忘味，则糟糠与精粹等甘。岂识贤愚好丑，以爱憎乱心哉？"（《答难养生论》）这是说瞽者不能辨色之美丑，瞆（同愦，心乱）者不知味之甘辛。他认识到主观感受是美感产生的不可缺少的条件，这是对的，但是，这只讲到问题的一个方面。他完全抹杀了美的事物的客观标准，把它完全归之于主观感受，这就是唯心主义的观点了。

嵇康在认识方面强调理性的判断，反对只凭记诵传闻以及一般的感性直观。他说："夫推类辩物，当先求之自然之理，理已足，然后借古义以明之耳。今未得于心，而多恃前言以为谈证，自此以往，恐巧历不能纪耳。"（《声无哀乐论》）这里所谓"自然之理"，表明嵇康承认理性判断有其客观标准，"得于心"是对"理"的融会贯通，他认为"古义"对推理只能起辅助作用。他又说："美恶之形在目，而贵贱不同，是非之情先着，故美恶不得移也。"（《答难养生论》）这是认为判断美恶不能只凭感性，而且更主要的决定于理性，因为理性才反映事物的本质。他颠倒主客关系，认为主观起决定作用，这是错误的。

嵇康在《明胆论》中认为人性的善恶和才能，是由赋受的气质决定的。他说："赋受有多少，故才性有昏明，唯至人特钟纯美，兼周外内，无不毕备。"这是说人的聪明或愚笨都是天生的，所谓"至人"是由于他得到了纯美之气，所以聪明过人。他还把人的聪明和决断，机械地割裂开，说"明胆异气，不能相生"，聪明和决断（胆）是禀受了不同的气。这种观点实际上是把"元气"神秘化了，承认人性的善恶、智愚是先天的、命中注定的。

嵇康思想上的一些缺点，说明他的唯物主义哲学思想中有不少唯心主义的成分。

二　嵇康思想中名教与自然的矛盾

封建地主阶级要维持他们的统治是离不开"名教"的，当时司马氏与曹氏争夺政权的斗争中，双方都利用"名教"来作为自己的武器。司马氏集团拉拢门阀未来战士族，同时假借"名教"诛除异己。司马氏标榜"以孝治天下"，他们以"不孝"的罪名废弑曹氏皇帝，"名教"成为篡逆的工具。对于司马氏这种利用"名教"而又违背"名教"的勾当，鲁迅评论说："魏晋，是以孝治天下的……为什么要以孝治天下呢？因为天位从禅让，即巧取豪夺而来，若主张以忠治天下，他们的立脚点便不稳，办事便棘手，立论也难了，所以一定要以孝治天下。"[1] 司马氏宣扬"名教"的孝，却破坏"名教"的忠，这实质上是维护"名教"而又

---

[1]《鲁迅全集》第3卷，人民文学出版社，1956年版，第391页。

破坏"名教"。嵇康一派反对"名教",实际上是痛恨司马氏破坏"名教",痛恨当时的门阀士族借用"名教"进行种种罪恶活动,他们反对"名教"的政治锋芒是针对着司马氏的统治的。

嵇康提出"越名教而任自然"的主张,他说:"夫气静神虚者,心不存乎矜尚;体亮心达者,情不系于所欲。矜尚不存乎心,故能越名教而任自然;情不系于所欲,故能审贵贱而通物情。"(《释私论》)所谓越名教任自然,是教人超出名教的束缚,不尚虚荣,摆脱物质享受等欲望,不去为了追求富贵而胡作非为。嵇康所说的"越名教",并不是真正教人违背"名教"。

嵇康提出了理想的古代美好社会的图景与后来的"名教"社会相比照。他歌颂古代自然的社会,指摘后来的"名教"社会,目的是抨击当时门阀士族专政的社会不合理。他说:"夫民之性,好安而恶危,好逸而恶劳,故不扰则其愿得,不逼则其志从。昔鸿荒之世,大朴未亏,君无文于上,民无竞于下。物全理顺,莫不自得。饱则安寝,饥则求食,怡然鼓腹,不知为至德之世也。若此则安知仁义之端,礼律之文?"(《难自然好学论》)这里歌颂古代,未必就是嵇康真正相信古代优于当时社会,而是通过对古代社会纯朴的描述以暴露当时社会的欺诈和虚伪。所以他接着说:"及至人不存,大道陵迟,乃始作文墨以传其意,区别群物使有类族,造立仁义以婴其心,制为名分以检其外,劝学讲文以神其教,故六经纷错,百家繁炽,开荣利之涂,故奔骛而不觉。"(《难自然好学论》)这里说的是有了"名教"以后的社会,"名教"帮助人们矫揉造作,骛名竞利。当时门阀士族地主阶级以名教为工具宣称"六经为太阳""不学为长夜",嵇康提出了完全相反的意见。他说:"若以明堂为丙(病)舍,以讽诵为鬼语,以六经为芜秽,以仁义为臭腐,睹文籍则目瞧,修揖让则变伛,袭章服则转筋,谭礼典则齿龋,于是兼而弃之,与万物为更始。则吾子虽好学不倦,犹将阙焉,则向之不学,未必为长夜,六经未必为太阳也。"(《难自然好学论》)这些话显然是讥讽当时社会,痛恨腐败的政治,是有所为而发的。在《太师箴》中,嵇康进一步抨击司马氏的统治,他说:"季世陵迟,继体承资,凭尊恃势,不友不师,宰割天下,以奉其私。"又说:"刑本惩暴,今以胁贤,昔为天下,今为一身,下疾其上,君猜其臣,丧乱弘多,国乃陨颠。"这些说明,嵇康"越名教而任自然",毁弃礼法,"非汤武而薄周孔"(《与山巨源绝交书》),在政治上是起了反对以司马氏集团为代表的门阀士族地主阶级利用"名教"的积极作用的。鲁迅对此评价说:"非薄了汤武周孔,在现时代是不要紧的,但在当时却关系非小。汤武是以武定天下的;周公是辅成王的;孔子是祖述尧舜,而尧舜是禅让天下的。嵇康都说不好。那么教司马懿篡位的时候,怎么办才是好呢?没有办法。在这一点上,嵇康于司马氏的办事上有了直接影响,因此就非死不可了。"[1]

嵇康的理想的社会政治观点是"无为"的政治,他说:"崇简易之教,御无为之治,君静于上,臣顺于下,玄化潜

---

[1]《鲁迅全集》第3卷,人民文学出版社,1956年版,第390页。

通,天人交泰。"(《声无哀乐论》)这是说"无为"政治是使天下太平无事的政治。所谓"无为",就是要统治者不要过多过重地剥削农民,他要统治者"为天下而尊君位,不为一人而重富贵",要统治者做到"虽居君位,飨万国,恬若素士接宾客也。虽建龙旗,服华衮,忽若布衣在身也"(《答难养生论》)。他认为实行这样的政治,能使"君臣相忘于上,蒸民家居于下"(《答难养生论》)。这种要统治者考虑一些人民利益的思想,在当时应当算是进步的。

嵇康反对的是门阀士族地主阶级所标榜的虚伪的"名教";作为封建地主阶级的知识分子,他不可能彻底反对全部封建伦理规范。嵇康的"越名教而任自然"并不是他的真正目的,站在寒门庶族地主立场上,他还是主张名教不可废。既然名教不可废,封建社会的君臣关系、父子关系,还是必须维持。这样他和门阀士族地主阶级在政治上的矛盾,就不容易在哲学理论上完全划清界限。他徘徊于"名教"与"自然"之间,用讽刺表示软弱的抗议。他既不是忠心于魏朝,更不满意于司马氏的巧取豪夺,也不是真正旷达，不涉世务。嵇康的思想，反映了当时寒门庶族地主阶级在门阀士族压力下的苦闷。他无法摆脱"自然"与"名教"的矛盾。

三　阮籍对名教与自然的折中主义

阮籍[1]字嗣宗，陈留尉氏人，生于210年（汉献帝建安十五年），卒于263年（魏元帝景元四年）。他曾经做过司马懿、司马师、司马昭的从事中郎、步兵校尉，他不满意司马氏政治集团，但态度谨慎，不肯公开评论别人长短，因此在当时激烈的政治斗争中得以避免遭受司马氏的杀害。他的著作保存在《阮嗣宗集》中。

阮籍反对虚伪的"名教"而崇尚"自然"，他以嗜酒放诞的行为掩饰他的政治倾向，他的思想也反映了某些进步的寒门庶族地主阶级的政治要求，但斗争性比嵇康更为软

---

[1]《三国志·魏志》卷二一，《晋书》卷二九。

弱，他也是对司马氏表示消极不合作的。

阮籍在自然观方面具有唯物主义观点，他说："天地生于自然，万物生于天地。自然者无外，故天地名焉。天地者有内，故万物生焉。"（《达庄论》）他以天地、万物自然存在和发生的观点，否定了在自然界之外有精神性的主宰。他认为"道"是取法于自然，他说："道者，法自然而为化，侯王能守之，万物将自化，《易》谓之太极，《春秋》谓之元，《老子》谓之道。"（《通老论》）他继承老子唯物主义天道观，认为万物出于自然，他认为"道"具有自然界规律的意义，他要人学习自然了解自然。对于人和自然的关系，他说："人生天地之中，体自然之形，身者，阴阳之精气也。性者，五行之正性也。情者，游魂之变欲也。神者，天地之所以驭者也。"（《达庄论》）这是说人的形体和精神都是自然界的产物，身体是自然界的"精气"，精神则是自然界某种运动的功用。他主张保自然的"性"而养自然的"神"。

阮籍还认为天地万物是一体的、谐和的、没有矛盾的。

他说:"天地合其德,日月顺其光,自然一体,则万物经其事。"又说:"男女同位,山泽通气,雷风不相射,水火不相薄。""重阴雷电,非异出也,天地日月非殊物也。"(《达庄论》)他把本来有差别的东西,说成没有差别;把本来有着相反性质的东西,说成性质相通。在这一方面他同意了庄子的相对主义观点;他说:"自其异者视之,则肝胆楚越也;自其同者视之,则万物一体也。"(《达庄论》)

阮籍认为理想的完善人格(至人),应当是:"恬于生而静于死。生恬则情不惑,死静则神不离。故能与阴阳化而不易,从天地变而不移。生究其寿,死循其宜。"这是说,人生的目的,应当像自然那样,对于活着也不感到幸福,对于死去也恬然处之,完全顺应自然。具有这种生活态度的人,算是体现了道的原则:"至道之极,混一不分,同为一体。"(《达庄论》)阮籍"天地万物自然一体"的自然观,表现在政治观点上,即是他的调和"自然"与"名教"的折中主义。

在社会政治观点上,他既主张"自然",排斥"名教",

又把"自然"与"名教"调和起来。他向往的一种"自然"社会是:"至人无宅,天地为客;至人无主,天地为所;至人无事,天地为故;无是非之别,无善恶之异,故天下被其泽,而万物所以炽也。"(《大人先生传》)他幻想一种没有斗争,不受道德拘束的社会,幻想在"自然"社会中没有君臣、"名教",他说:"盖无君而庶物定,无臣而万事理。保身修性,不违其纪,惟兹若然,故能长久。"(《大人先生传》)他认为君臣名教礼法都是压迫和束缚人民的枷锁,他说:"君立而虐兴,臣设而贼生,坐制礼法,束缚下民。"(《大人先生传》)他对强取豪夺的政权争夺,以及君主的专制残暴提出了尖锐的指摘,说他们"竭天地万物之至,以奉声色无穷之欲"(《大人先生传》),又说:"汝君子之礼法,诚天下残贼乱危死亡之术耳,而乃自以为美行不易之道,不亦过乎!"(《大人先生传》)他认为在虚伪的"名教"后头掩盖着统治者对人民的残酷压榨,以及统治阶级内部的互相残害,他辛辣地讽刺那些虚伪的礼法之士像破裤中的虱子,自以为其腐朽的寄生生活很安全,其实一旦遇到火的时候都逃脱不了。(见《大人先生传》)这些思想说明，阮籍对当时凭借权势欺凌人民的门阀士族和礼法之士是极端仇视的。

但是阮籍的鄙弃"名教"，也和嵇康一样，并不是主张真正废弃名教，他在内心是要维护真正的"名教"的。因此，他又把"自然"和"名教"调和起来，认为二者可以没有矛盾，"达"就是他说的"达于自然之分，通于治化之体"(《通老论》)。他认为："圣人以建天下之位，守尊卑之制，序阴阳之适，别刚柔之节，顺之者存，逆之者亡，得之者身安，失之者身危。"(《通易论》)"尊卑之制"就是封建秩序，也是属于名教范围内的，这是说，"名教"仍是势不可少的。因此他又主张维持"名教"，说："在上而不凌乎下，处卑而不犯乎贵，故道不可逆，德不可忽也。"(《通易论》)他的《乐论》说："刑教一体，礼乐外内也。刑弛则教不独行，礼废则乐无所立。尊卑有分，上下有等，谓之礼。人安其生，情意无哀，谓之乐……礼逾其制则尊卑乖，乐失其序则亲疏乱。礼定其象，乐平其心。礼治其外，乐化其内。礼乐正而天下平。"他所谓乐,是内的,是自然;所谓礼是外的,是名教。可以看出他的"礼乐正而天下平"正是"名教"与"自然"相调和的折中见解。阮籍的儿子阮浑想学阮籍的放达,阮籍说:"仲容[1]已预之,卿不得复尔。"(《世说新语·任诞篇》)阮籍自己崇尚自然,却不愿儿子放弃"名教",也说明他的"名教"与"自然"调和的折中主义思想。

魏晋时期门阀士族地主阶级势力很强大,寒门庶族地主阶级势力则很微弱。嵇康、阮籍对门阀士族地主阶级发出的软弱的抗议,反对他们过分剥削、虚伪、贪鄙,反映了一些人民的要求。这在魏晋时代思想家中也算少有的、可贵的思想。但是这一阶级是软弱的。他们的苦闷、矛盾,说明了封建地主阶级的"名教"本身(如"忠君""孝亲")的欺骗性。司马氏夺取曹魏的政权算不忠,魏王朝的政权又是从汉王朝夺取来的,它是否真正"应天顺人"呢?封

---

[1] 仲容,阮咸字,阮籍的侄子。

建地主阶级的正统派没有勇气正视这一问题。"名教"的维护者所关心的是他们这一阶级的目前利益和长远利益。现实政治斗争的演变，终于替"名教"维护者解决了这一矛盾。司马氏夺取了政权，登上皇帝的宝座，不久，名教的维护者就承认了它的"正统"地位，谁要再夺取晋朝的王位，又算危害"名教"了。嵇康被司马氏杀死，嵇康的儿子在一次战争中却牺牲生命保护了晋朝皇帝的生命，成了晋王朝的忠臣。到了郭象才摆脱了"自然"与"名教"矛盾的困惑，他为新王朝的统治进行了哲学理论上的论证。

郭象"玄冥""独化"的神秘主义世界观[*]

---

[*] 本文是任继愈主编《中国哲学史》第二册的第四编第五章。《中国哲学史》系多人合撰,主要由任继愈提出编写框架、思想脉络,大家充分讨论、分头撰写后,再由任继愈修改、定稿。为充分展现任继愈先生的学术观点与主张,此次编入本集。

一　郭象对《庄子》唯心主义的发展

西晋的政权是保护门阀士族的机构。西晋的门阀士族的经济利益在司马氏政权之下得到了相当的发展，他们有了较为巩固的经济基础，有了政治上的特权。他们自以为可以高枕无忧，毫无顾忌地纵欲作恶，腐化、堕落。

当时的门阀士族的主要组成分子就是这一批腐化、享乐、无耻的人物。司马氏的政权就是这一政治经济集团利益的集中表现。郭象的哲学思想是这一集团腐朽透顶生活的反映。

郭象"玄冥""独化"的神秘主义世界观

郭象[1]字子玄,生于252年(魏嘉平四年),死于312年(晋永嘉六年),他的重要哲学著作为《庄子注》。今本郭象《庄子注》是郭象在向秀的《庄子注》的基础上增改完成的[2]。郭象的《庄子注》对《庄子》一书的唯心主义做了重大的发展。他们抛弃了庄子虚无主义的"道",虚构了绝对的"自足其性"的存在("有"),把"万有"看成是各自存在的独立的绝对,从而否定了世界的物质性和统一性。认为大小、美丑、贵贱都是相对的,而且认为"小"能"自足其性"就是至大,贫贱能甘守贫贱,就是富贵。这些性质,无分高下,它们都是绝对圆满的。

庄子主张废除封建社会的礼法、文化、政治制度,认为这些都是违反人的本性的。郭象为了门阀士族的利益,对庄子的这种思想给了完全相反的解释,他说名教(封建

---

[1]《晋书》卷五〇。
[2] 相传郭象窃取向秀注,作为自己的著作,据今存有关资料看来,有些《庄子》书同段落的注,两人不同,可见郭象自己有注,未必是窃向注。但二人的哲学观点基本一致。

制度、伦理关系）就是自然（本性），而且"名教"是"自然"的最好的表现。庄子从没落的奴隶主立场，认为现存的新生事物是不合理的，郭象从门阀士族的立场为当权派进行辩护，他说现存的都是合理的，他说："天地万物凡所有者，不可一日而相无也。一物不具，则生者无由得生；一理不至，则天年无缘得终。"（《大宗师注》）庄子认为"穿牛鼻""落（络）马首"违反牛马的本性，郭象则说只有"穿牛鼻""落马首"才符合牛马的本性。庄子的哲学表现了没落奴隶主贵族消极厌世的世界观，郭象则把这一学说发展成积极的，为当权的门阀士族服务的处世哲学。

庄子的唯心主义是没落的奴隶主阶级对新社会制度（封建制度）的冷嘲热骂，采取了完全否定的、不合作的态度。有时候也能用辛辣、俏皮而尖刻的评判刺中封建剥削者的伤疤，但是它那消极退缩、逃避生活的态度是十分明显的。西晋时代的门阀士族地主阶级正在得意忘形、安而忘危的时候，他们正在尽一切方法争权夺利，肆无忌惮地纵欲作恶。郭象对当时门阀士族当权派，积极迎合，不是逃避而是钻营,不是嘲骂而是歌颂,不是有所不为,而是为门阀士族的政府制造理论根据。他用华美的辞藻注解了《庄子》,积极阿谀逢迎门阀士族当权派。

二 "玄冥""独化"学说

郭象哲学的核心是他的"玄冥""独化"学说,这一学说包含着两个主要内容:一个是宇宙万物是怎么样的存在,这是宇宙万物构成的问题;另一个是宇宙万物存在于什么样的关系之中,这就是关于事物之间的联系问题。郭象认为,每个事物都各自成为一个独立的绝对,因此其存在就是"自有""自生""自尔",在它们之间没有任何统一性。同时,他又认为各个独立的事物,归根到底又不具有任何差别。郭象在《庄子序》中说庄子思想的特点是:"与化为体,流万代而冥物""神器独化于玄冥之境""绵邈清遐,去离尘埃而返冥极"。"冥"是昧的意思,就是泯除分别,不分彼此。"玄"是黑色、辽远、看不清楚的意思。"玄冥"是郭象哲学的中心观念,就是一种神秘主义世界观。

（一）论宇宙万物构成。

神学目的论,自从遭到了王充元气自然论的唯物主义的驳斥,至魏晋时期,被迫改变一下面貌和手法。王弼以无神论的姿态,抬出"贵无"学说,以更精致的精神性的本体作为上帝的代用品,从而代替了神学目的论。郭象用"玄冥""独化"说去代替神学目的论。表面上,它装得更像无神论、元气自然论的样子,实际上所宣扬的是神秘主义。郭象"崇有",是讲究"无不能生有",而"有自有",以明"上知造物者无物,下知有物之自造"。因此,他既反对万物是有意志的"上帝"（真宰）所造,也反对在现存着的形形色色的万有万象之后有一个"本体"（"物自体"）。

首先郭象和庄子一样反对有一个像上帝那样创造世界万物的真宰,他说：

郭象"玄冥""独化"的神秘主义世界观

凡物云云皆自尔耳,非相为使也,故任之而理自至矣。(《齐物论注》)

万物万情,趣舍不同,有若真宰使之然也,起索真宰之朕迹,而亦终不得,则明万物皆自然,无使物然也。(《齐物论注》)

郭象认为没有一个促使万物产生的造物者(真宰),万物都是自然而然产生的。万物本来如此(自然),没有使它如此的支配者。

王弼认为"无"是"有"的本体,"有"是根据"无"而有的,在他那里,"道"和"无"实际上都是抽象的概念。郭象在这一点上与王弼不同,郭象的哲学体系里,不承认有在现象万有之上还有一个本体的"无"。郭象的无,是"零",是空无所有。"零"(无)不能产生"有",所以他认为:"夫庄老之所以屡称无者何哉?明生物者无物,而物自生耳。"(《在宥注》)老子讲有生于无,但是老子所说的"无"是指无形无象的混沌状态的物质,或气,并不是空无。郭象在这里改变了老子的原意,认为无生有就是"生物者无物而物自生"。看来,郭象好像是唯物主义。郭象利用了唯物主义自然论的没有造物者的观点,并加以夸大、吹胀,说万物的产生不要任何条件,不必遵循任何规律,事物之间没有因果关系,事物的产生就像突然冒出来的一样。从"没有造物者"这一观点出发,推论到不要任何规律的错误结论。他说:

> 然则凡得之者,外不资于道,内不由于己,掘然自得而独化也。(《大宗师注》)

这是说,任何事物的产生,它外面不依靠任何规律(道),它自己也不由自己决定,万物毫无原因地独自生存着、变化着(独化)。裴頠也讲无不能生有,没有什么造物者,但郭象的结论和裴頠完全不同。第一,裴頠讲事物存在是有条件的,是有所资的,而郭象则认为事物是"去其所资"的。裴頠认为万有都是宇宙的一部分,因此"所禀者偏"，既然事物都是宇宙的一部分、一个方面，那就不能自足，就需要凭借外面的一些"资助"，那么"有"就是"有待""有之所须，所谓资也"（《崇有论》）。郭象则认为"有"是"自足"的，它不需要任何条件。他说"去其所资，则未施禁而自止"，有待则不能独化。第二，裴頠认为"有"不以"无"为条件，但"有"须以"有"为条件，郭象则认为"有"不要任何条件。裴頠提出此一事物的存在必有待于其他事物，"济有者皆有也"。郭象则认为有不能生有，有也不必待有，故曰："夫有之未生，以何为生乎？故必自有耳，岂有之所能有乎？"（《庚桑楚注》）"此所以明有之不能为有，而自有。"（《庚桑楚注》）这里郭象所说的"有"就是一个孤立的，没有与其他事物具有必然联系的个体。因此，他主张"物各有性，性各有极"，事物各自有各自的自性，各个独立存在的事物的自性是各自有各自的原则（极）。郭象的"有"，实际上就是把现象世界中的形形色色的每一事物看成是各自孤立的绝对，世界是无限多个绝对的"有"。郭象虽然承认现象世界的存在，但是他所讲的"存在"是各自独立的"绝对"，是没有统一基础的。由此可见，郭象在反对有一个统一的精神性的本体，同时又建立了无限的神秘的、独立的绝对，从而否认了世界的物质性和物质世界的统一性。这种观点是唯心主义的。

郭象认为世界的存在，它本身就是不知其所以然而然，莫名其妙地存在着、变化着。他说："凡此上事，皆不知其所以然而然，故曰芒也。今夫知者，皆不知所以知而自知矣。生者不知所以生而自生矣。万物虽异，至于生不由知，则未有不同者也。故天下莫不芒也。"（《齐物论注》）"芒"就是"冥"，世界万物生成的原因是不必知，而且也是不可知的，它本来就是混冥一团（芒）。万物看来有差别，至于追究它的变化的根源，则都是说不清楚的。郭象在注解《齐物论》的"物无非彼，物无非是"时说，"物皆自是，故无非是；物皆相彼，故无非彼，无非彼则天下无是矣，无非是则天下无彼矣，无彼无是，所以玄同也"。这是说，事物本身不具有彼和此的差别性，差别性是人们强加给事物的。他认为正确的对待事物的态度应当是"玄同"(不分彼此),才符合事物的情况。

根据以上的认识,郭象认为没有事物的总规律(道),他说"不知所以因而自因"(《齐物论注》),这就是"道"。庄子的相对主义只是粗暴地硬不承认有所谓是非、大小的差别;郭象通过他的神秘主义世界观,对庄子的相对主义做了润饰。

(二)从"玄冥""独化"到无因论。

郭象认为万有皆自生、自尔、独化,其生不资于道,不待于"有"(物),"物各自生,无所出焉",万物"块然而自生"(见《齐物论注》)。

郭象在《齐物论注》中集中阐述他的无因论的主张。他说:"世或谓罔两待景(影),景待形,形待造物者。请问:夫造物者有耶?无耶?无也,则胡能造物哉?有也,则不足以物众形,故明众形之自物,而后始可与言造物耳。"这是说,社会上有人认为有了形体,才有形体的影子

（景待形）；影子附近一圈淡淡的阴影（罔两）是由于影子产生的（罔两待景）；形体是由造物产生的。郭象说这种观点不对。他说造物者如果是无形的，它就是空无，空无怎能产生万物？如果是有形的，它只是一个特殊的东西，又怎能产生众多形状的万物？因此，他说万物是自造，而没有一个造物者。

郭象这一段话利用了两汉以来唯物主义元气自然论，就它反对有人格的上帝作为造物者来说，是有合理因素的。但是郭象反对有所谓造物者，并不是从气一元论的唯物主义观点出发的，他不承认万有众形是由物质性的元气构成的（像古代朴素唯物主义者那样），而是从朴素唯物主义世界观中割裂了其中的一截，只讲"没有造物者"，而不讲物的最后根源是什么，是物质的气还是精神。郭象认为万物无因而生，不要什么物质条件，他说万物是"初未有而欻有"（《田子方注》）。他实际上否认了客观世界各种现象有第一性（根本）和第二性（派生）的差别。因而他认为影子在理论上可以脱离物体而单独存在。他说："罔两非景之所制，而景非形之所使，形非无之所化也。"(《齐物论注》)这就是说，物体是个孤立的存在，影子也是个孤立的存在。这显然是与科学和常识违背的。世界上可以有没有影子的物体（如在周围光度相同的条件下），但不可能有没有物体为根据的影子。

郭象把事物相互依存的关系看作毫无关系的个体，把事件先后的连续的因果现象也看作毫无关系的孤立事件。他在《胠箧注》中说："夫竭唇非以寒齿而齿寒，鲁酒薄非以围邯郸而邯郸围[1]……此自然相生，必至之势也。"按照通常理解，唇竭会使齿寒，唇竭是齿寒的原因，鲁酒薄是邯郸被围攻的间接原因。它们之间有因果的联系。郭象从他的独化论的观点观察事物，不承认事物之间有任何因果，硬说，唇竭

---

[1] 战国时，楚会诸侯，鲁国和赵国都献酒给楚王。鲁酒薄而赵酒厚。楚国管酒官吏私自向赵国要些酒，赵国不肯给。这个管酒的官吏故意把鲁赵两国的酒互换，然后献给楚王。楚王认为赵国献的酒味薄，发兵围攻赵国首都邯郸。这是庄子用的一个比喻，来说明事物之间因果的偶然性。"鲁酒薄而邯郸围"，还有另外的传说，基本意思差不多，事实微有出入。

和齿寒是两回事，互不相干；鲁酒薄和邯郸围也互不相干；并且把这种否认因果关系的说法说成一般原则（必至之势）。

（三）从"支冥""独化"到安命论。

郭象把现实世界中的存在都看作是各自孤立的。因此，它们只需各自"自足共性"就行了，在它们之间，大小、美丑、好坏、是非的分别本来是没有的，他说：

> 夫以形相对，则太山大于秋毫也，若各据其性分，物冥其极，则形大未为有余，形小不为不足。苟各足于共性，则秋毫不独小其小，太山不独大其大矣。(《齐物论注》)

郭象衡量事物的大小差别，离开了事物的客观标准，而以"足其性"作为标准。他这里第一步抹杀了大小的差别，太山与秋毫，从唯心主义的本体论看，说大都可以说大，说小都可以说小。郭象由此对大小进一步做出歪曲的解释：

> 若以性足为大，则天下之足未有过于秋毫也，其（若）性足者为（非）大，则虽太山亦可称小矣。
>
> 太山为小，则天下无大矣；秋毫为大，则天下无小也。无小无大，无寿无夭……苟足于天然而安其性命，故虽天地未足为寿而与我并生，万物未足为异而与我同得。则天地之生又何不并，万物之得又何不一哉？（《齐物论注》）

郭象认为从根本上看，世界上的事物本来就不存在着大小的差别，至于其他性质的差别也同样是不存在的。甚至天地万物与人也本来是无所谓内外彼此的。连主观、客观世界的差别也被一起消融于神秘主义的"同得""齐一"之中。只要主观上满足了本性的要求，太山和秋毫也没有大小的差别，甚至可以说天下没有比秋毫更大的东西了，因为秋毫的本性是圆满无缺欠的。上述这一段话，可以看出郭象把客观的大小的量，歪曲为主观认为自己满足的量。

他把客观存在着的万物的差别硬说不存在,只讲主观本性的满足。

郭象不要客观的标准,只讲主观的安其性命,任何事物都是"自得"的,都是满足的。

在《逍遥游注》中,郭象教人用泯除分别的方法去寻求精神解脱。他说"齐死生者,无死生者也""游于无小无大者,无穷者也,冥乎不死不生者,无极者也"。万物各自独化,但人们对万物的认识须采取不加分别的"玄冥"立场,他认为,只有"与物冥而循大变"的人,才能"无待而常通",获得无条件的、绝对的精神自由。得到这种精神自由的人,是"无心玄应,唯感之从",与万物相冥、不分彼此的圣人。

郭象的各安其性分的学说,是以他的唯心主义的自然观来说明社会关系的。他认为万物的存在,都是各足其性,得到自己的满足,人在社会的地位也应像万物在自然界中的地位一样,也要各安于自己所处的地位。

人在社会中,每个人应该各安其位,在他自己的地位尽他的本分，这样就是自足其性。

> 天性所受，各有本分，不可逃，亦不可加。
> 性各有分，故知者守知以待终，愚者抱愚以至死，岂有能中易其性者也？（《齐物论注》）

这就是说，贫贱的应自甘贫贱，富贵的则安享富贵，小的不必羡慕大的，贫贱的不必羡慕富贵的："苟足于其性，虽大鹏无以自贵于小鸟，小鸟无羡于天池，而荣愿有余矣。"（《逍遥游注》）各安本分，就可得到最大的满足。郭象还认为一部分人生来就是统治者，另一部分人生来就是劳动者，完全是合理的，这种"合理"性，就像："天之自高，地之自卑，首自在上，足自居下，岂有递哉？"（《齐物论注》）他教人安于命运的支配，说"臣妾之才而不安臣妾之任，则失矣"（《齐物论注》）。郭象从宇宙万物的构成讲到人应各安其位，就充分暴露出他的唯心主义哲学思想的阶级实质。

三　不可知论的认识论

庄子的认识论是从相对主义导致不可知论的。庄子从人的认识能力、认识对象、真理标准，三个方面论证事物不可知，因为它们都是相对的。郭象的不可知论在庄子的不可知论的基础上，更进了一步。郭象把他的"玄冥""独化"观点运用到认识论领域，形成他本体论的唯心主义认识论。

郭象认为，认识是不可能的。他说："物有自然而理有至极，循而直往，则冥然自合。"（《齐物论注》）这是说事物和原理，本来就是那个样子，只要顺着它、不去分析它，就是有知识了。知识是不可以传授、教导的，"故言之者孟浪，而闻之者听荧"，向别人传授知识是孟浪（冒失）的行为；听信别人传授知识的人，会越听越糊涂。郭象说，最正确的对待认识态度就应当"玄合乎视听之表，照之以天而不逆计，放之自尔而不推明也"(《齐物论注》)。

玄是暗昧的意思，"玄合乎视听之表"，就是暗合耳目感官接触之外；天，即"万物之总名"，"照之以天而不逆计"，就是停止任何推理活动（不逆计），不使用人的聪明。万物自己无因而生、无因而灭，变化发展都是自然而然的，它们中间没有必然规律可以被认识，现象就是现象那个样子。所以郭象说，认识的目的就在于不进行认识。这样做，就"冥然自合"。

"有"都是"自有""自尔""自足"，因此，其变动就无迹可寻，它突然地产生了，又突然地消逝了。他说："夫死者已自死，而生者已自生，圆者已自圆，方者已自方，未有其根者，故莫知。"(《知北游注》)这样的世界不但没有被认识的可能，也没有被认识的必要，照郭象看，世界不过就是忽然自生，忽然自灭，不必深究，也不能深究。

郭象认为庄子的不可知论还有它不够的地方，那就是庄子对待是和非、彼和此、大和小等差别，只是采取了不认真计较、无所谓的态度，但庄子并没有从本体论方面从根本上取消这些差别。郭象为了更彻底地贯彻他的唯心主义，他比庄子走得更远了。他要求做到"本末内外，畅然俱得，泯然无迹"（《齐物论注》）。万物之间没有差别，主体和客体之间也没有差别，"捐聪明，弃知虑，魄然忘其所为"（《秋水注》）。

郭象力图"冥此群异"，并说"冥乎不死不生者，无极者也"（《逍遥游注》），"唯与物冥而循大变者，为能无待而常通"（《逍遥游注》）。他所谓"冥"，就是泯除认识论的主观和客观的界限。认识论以"冥"为最高原则，这是郭象自以为超过庄子的地方。我们可以说，这是郭象的认识论的不可知论比庄子更彻底的地方。他最后的目的是企图做到"遗知而知，不为而为，自然而生，坐忘而得，故知称绝而为名去也"（《大宗师注》）。这是说，他教人以取消知识作为知识，不要行动当作行动，照自己的那样生活，不用任何心思，不用任何名称、概念的混沌境界。他说知识是"自知耳，不知也"（《大宗师注》）。所谓"自知"，实际上是一无所知。

四 从诡辩论到神秘主义的思想方法

郭象的《庄子注》说了一些表面看来类似辩证法的议论，而实际上是用诡辩论来论证他的神秘主义哲学。他讲到事物之间有联系，也讲到事物的变化、历史的变革。但他不是通过这些联系、变革的现象去发现事物的本质的；相反，倒是论证一切事物没有规律，不可认识！

（一）歪曲事物之间的联系否认事物之间质的差别。

郭象在《大宗师注》中说："人之生也，形虽七尺而五常必具，故虽区区之身，乃举天地以奉之，故天地万物凡所有者，不可一日而相无也。一物不具，则生者无由得生，一理不至，则天年无缘得终。"

郭象提出了事物与事物之间有联系，事物的存在不是与其他事物相互隔离的，这种见解好像具有辩证法观点。

但是他夸大了这个观点,说"区区之身,乃举天地以奉之",又说天地万物凡所有的东西"不可一日而相无",缺了任何一物,人就活不下去。这就说得过分了。因为,按照科学的认识,世界上应该有而尚未有的事物,和已经存在而早应当消灭的东西太多了。有些腐朽的事物的存在,不但对世界没有好处,反而妨害了事物的健康发展。照郭象的逻辑,只能引出一个结论:"凡是存在的都是合理的。"他认为任何对现状进行改革的企图都是多余的,既然一切存在着的东西都是"不可一日而相无",像西晋当权派、荒淫无耻的门阀士族、政府对农民敲骨取髓的剥削、强取豪夺的政权争夺,也都应当认为是"不可一日而相无"的,缺了这些东西,甚至一天也活不下去!

郭象还认为事物之间,它们的地位是固定的,关系也是不可改变的,他说:"夫人之一体非有亲也,而首自在上,足自处下,府藏居内,皮毛在外,外内上下,尊卑贵贱,于其体中各任其极,而未有亲爱于其间也。"(《天运注》)这还是通过事物的联系的现象,以论证当时贵贱等级制度的"合理"。

郭象还说:"天下莫不相与为彼我。"事物各个互相依赖。"彼我皆欲自为,斯东西之相反也",事物之间都在为了自己,像东方与西方那样相互对立一样。但是各个相反的事物之间,在客观上却是互相支持着的:"故彼之自为,济我之功宏矣。斯相反而不可以相无者也。"(《秋水注》)这是说相反的事物有互相依存的关系。郭象这里又把事物的联系过分夸大了。因为,不可能每一件事物都"相与为彼我",也不是一切事物都是互相帮助的。由于郭象不承认事物之间有内在的因果联系(如上节所讲过的),不承认事物发展有它的规律性,因此,他所谓联系,只能是一个一个的事物同时孤立地并存,而不是指的世界事物之间本质的联系。所以郭象不是教人通过联系的关系去发现规律,认清本质,而是教人放弃认识,不承认有所谓本质,回到神秘主义的精神境界:"未始有识(根本无所谓认识),故能放任于变化之涂,玄同于反复之波,而不知终始之所极也。"(《大宗师注》)这正是曲解了事物之间有联系的某些现象，以达到论证他所主张的放弃认识，抹杀变化（玄同于反复之波），最后归结到莫名其妙的结局（而不知终始之所极）。郭象主张万物互相支持，绝对夸大事物有联系的观点是为他的独化论服务的。他说过影子和形、鲁酒薄和邯郸围、唇亡和齿寒都没有联系，这里又说"凡所有者，不可一日而相无"。这只能说明他承认宇宙间有众多并存的各种事物，而不能认为郭象讲的是辩证法的联系。独化论是郭象的基本思想，他所谓的联系，就是取消联系，就是诡辩。因为把相对的东西绝对化，是诡辩论混淆辩证法的共同手法。

生和死，存和亡，在郭象看来，都是一样："于生为亡，而于死为存，则何时而非存哉？"（《大宗师注》）对于活人说是死亡，对于死人说是"生存"，任何时候都可以说是生存的。他讲联系的目的，是要论证他所谓"道"的"无所不在，而所在皆无。"（《大宗师注》）又说，真人（郭象认为拥有最正确的见解的人）"同天人，齐万致，万致不相非，天人不相胜，故旷然无不一，冥然无不在！而玄同彼我也"(《大宗师注》)。论证世界上无是无非,无彼无我,就是郭象的目的。

(二) 从论证事物的变化,引导到否认正确认识。

在《大宗师注》中说:"夫无力之力,莫大于变化者也。故乃揭天地以趋新,负山岳以舍故。故不暂停,忽已涉新。则天地万物无时而不移也。世皆新矣,而自以为故,舟日易矣,而视之若旧,山日更矣,而视之若前,今交一臂而失之,皆在冥中去矣。"这是说,变化是天地间的最有力的支配者,不论是山是舟,还是人们自己,都在暗中变化着,"故不暂停,忽已涉新"。即使在一交臂的瞬间,事物都在变化,没有停止过。从事物的变化,郭象得出了什么相应的结论呢?郭象对待变化的事物采取了不分新旧的含混态度,他说,对待变化中的事物,最好是"游寄而过去",不要认真,逢场作戏,就可以达到神秘主义的境界(冥),如果有所肯定,判别是非,就会"滞而系于一方",陷于片面,形成认识(见),"见,则伪生而责多矣"(《天运注》)。郭象说,错误都是由于坚持认真的认识所引起的。所以他企图通过论证事物变化,教人取消认识(见)而固守着无知无识的"冥"的境界。

(三)通过论证历史的变化,否认是非标准。

郭象为门阀士族的司马氏取得政权进行辩护,他对于历史变化发展的现象有所论述。他说:"夫先王典礼,所以适时用也,时过而不弃,即为民妖,所以兴矫效之端也。"(《天运注》)这是说,一切制度要因时而变。他还批评那些拘守古代统治者(圣人)制定的礼教、制度的人是模仿过去的形式,而没有能够得到它的精神:"法圣人者,法其迹耳。夫迹者,已去之物,非应变之具也。"(《胠箧注》)死守过去的旧制度,是不能应付新情况的,"执成迹以御乎无方,无方至而迹滞矣"(《胠箧注》)。看来,他好像主张革新而反对守旧。实际上,他是通过历史要变化,宣扬顺世主义,无是无非。他说:"俗之所贵,有时而贱;物之所大,世或小之。故顺物之迹,不得不殊,斯五帝三王之所以不同也。"(《秋水注》)这里,只是讲到"有时而贱""世或小之",究竟是贱还是贵,是小还是大,郭象对此不但不置可否,而且认为进行这样的分别毫无意义,"未有胜负于其间"。郭象就是这样廉价地利用他的"悬河泻水"的口辩为司马氏夺取政权做论证。史书上说他当时虽势力"熏灼内外",而受到人们的鄙弃("素论去之"),就并不奇怪了。

五 "名教"即"自然"

当时,一般见解,认为"名教"与"自然"这两者有一定的矛盾。注重"名教",必然会对人性的自由生活有些限制;完全放任,不受"名教"限制,又违反了"名教"。这两方面都是门阀士族地主阶级当时所最需要的。"自然"的具体内容是他们放纵、任性、肆无忌惮的生活方式,而维护封建等级制的"名教"又是必不可少的工具。王弼、何晏、嵇康、阮籍都从不同的阶级立场指出了这两方面的矛盾。腐朽而虚伪的门阀士族既要"清高"之名(重"自然"),又要在实际政治上掌握大权,不放松现实的一切权利。郭象迎合他们的需要,制造了"名教"即"自然"的说法。他在《逍遥游》"藐姑射之山有神人居焉",注说:

> 夫神人即今所谓圣人也。夫圣人虽在庙堂之上,然其心无异于山林之中,世岂识之哉?徒见其戴黄屋,佩玉玺,便谓足以缨绂其心矣;见其历山川,同民事,便谓足以憔悴其神矣。岂知至至者之不亏哉?

神人是神仙,也就是门阀士族所谓最能体现"自然"的、最自由、也最清高的"圣人"。"圣人"就是政治上的最高统治者。圣人比起超出政治之外的神人来,当然要有些自惭形秽。可是郭象把神人和圣人的不调和给调和起来,他说,圣人虽然形式上过着世俗的、看来十分忙碌的生活,但圣人在精神上是十分清高的,"虽在庙堂之上,然其心无异于山林之中"。郭象把那一批利欲熏心、热衷于腐化享乐生

活的贵族们,描绘成萧然物外、一尘不染的神仙,从而掩饰他们的卑鄙龌龊。郭象把"名教"与"自然"讲成一体的两个方面:

> 夫理有至极,外内相冥,未有极游外之致而不冥于内者也……故圣人常游外以弘内,无心以顺有。故虽终日挥形,而神气无变;俯仰万机而淡然自若。(《大宗师注》)

这样,当权的门阀士族就可以既有清高之名又有享乐之实。不仅调和了当时"名教"与"自然"的矛盾,而且照郭象的学说,只有最按照"名教"的原则去生活,才最符合"自然"。也就是说,清高与参与污浊的政治活动是一回事,甚至说只有参加污浊门阀士族集团的政治活动才最清高。